地緣政治
東南亞利多交會

強權×商機×競合
在海陸布局中炙手可熱，勢力湧動新核心

Geopolitics
Southeast Asia

在東南亞的智慧裡，
競合為彼此帶來祝福與好運，
利多噴濺交錯，
有了更上層樓的機會。
當代東南亞地緣政治和地緣經濟，
就如泰國潑水節，
在嘉年華式高潮中，
熱鬧無比，眾人同享非凡際遇。

序言

布局東南亞大未來

文／林奇伯

「風口浪尖，烈火烹油」，可說是當代東南亞的最佳寫照。

「風口浪尖」表現在地緣政治。中國「一帶一路」和美國「印太戰略」兩道大浪在這裡交會，彼此都想把對方蓋過去。再加上印度、韓國、台灣等國家的戰略簇擁，多方潮浪終於在南海激起驚濤波瀾，世界新興火藥庫儼然成形。自此，南海議題不再只是經濟海域之爭，更是關乎全球三分之一海上貿易航道暢通與否的保衛戰。

南海交鋒最激烈的中菲兩國都在積極組隊。菲律賓方面，除了美菲「肩並肩」演習，二〇二四年菲律賓各和日本、越南、美加澳舉辦首次聯合演習。中國則把遠在最北邊的俄羅斯找來插手，壯大聲勢。

南海主權聲索雖多達七個國家，但數十年來風平浪靜，直到中國二〇一三年開始積極興建人造島，打破了區域默契，引發西方國家「自由航行」憂慮，深怕一個疏忽，南海被中國併吞為內海，歐美日陣營反倒必須突破中國新布置的人工咽喉點。

不過，有爭奪就有盤整，對競逐之國來說，對弈方的每一個失策，都是己方的戰略利多。

東南亞的時代際遇，正是台灣的未來機遇

「烈火烹油」則反映在地緣經濟上。全球供應鏈重組，企業從中國出逃，東南亞成爲全球第三大投資目的地。對比印度，東南亞投資環境更爲多元，各國產業多已扎下良好根基，勞動素質與政府效率均佳，各業態上下游廠商可依自身調性，選擇稅賦、土地或基礎建設相對有利的地點，整廠遷移或友廠相招，就近形成新產業聚落。

而且，東南亞逐步從「生產基地」轉型爲「消費市場」，多數國家正迎接人口紅利，政府也推出相對應利多政策，例如泰國的「東部經濟走廊」、馬來西亞的「工業4.0」與「數位馬來西亞」等，爐灶火勢正旺。此時又逢美中大力加持，東帝汶入列東協，區域合作組織與東南亞十一國輪廓終於完整相扣合，地緣經濟就好似熾烈大火烹煮肥美油脂，錢潮滾滾沸騰，四處噴濺。

東南亞的時代際遇，幾乎就是台灣的未來機遇。台灣既有推動多年的新南向政策，又有文化熟悉感的優勢，人才與企業前進東協正是好時機。《地緣政治：東南亞利多交會》就以深刻、多元的解析，與讀者走進東南亞現場，一同布局大未來。

峇里島舉辦印尼大選造勢，女孩身著嘉年華服飾參加遊行。以靈活姿態，微笑迎接機會和挑戰，正是東南亞戰略精神的微妙體現。

3 全解東南亞密碼

中等強國馬來西亞的迷彩服軍人，
在獨立日遊行中，展現力與美。
美中強權競逐，
東南亞各國無不戮力壯大軍容，
立志成為地緣勢力的主動形塑者。

1 秒懂 東南亞地緣政治

東南亞擁有獨特地緣政治特質。四種文明交會，形塑出「被動包容」的地緣智慧，讓這裡充滿多元文化的人文風貌。被動包容，也成為東協內部的默契，在各大強權激烈推湧下，顯現出柔軟堅韌的個性，如「風中之竹」般靈活擺動，獲得更多主動的機會，展示活力喧嘩能量。

新世紀的東南亞為何可以在國際舞台上軟硬兼施，又在強權間炙手可熱？從七大地緣政治特色入手，即能明白東南亞走向經濟烏托邦的契機。

一圖全解

東南亞地緣戰略現況
一片紅舌爭端，一道經濟走廊
五個掐脖子海峽咽喉點

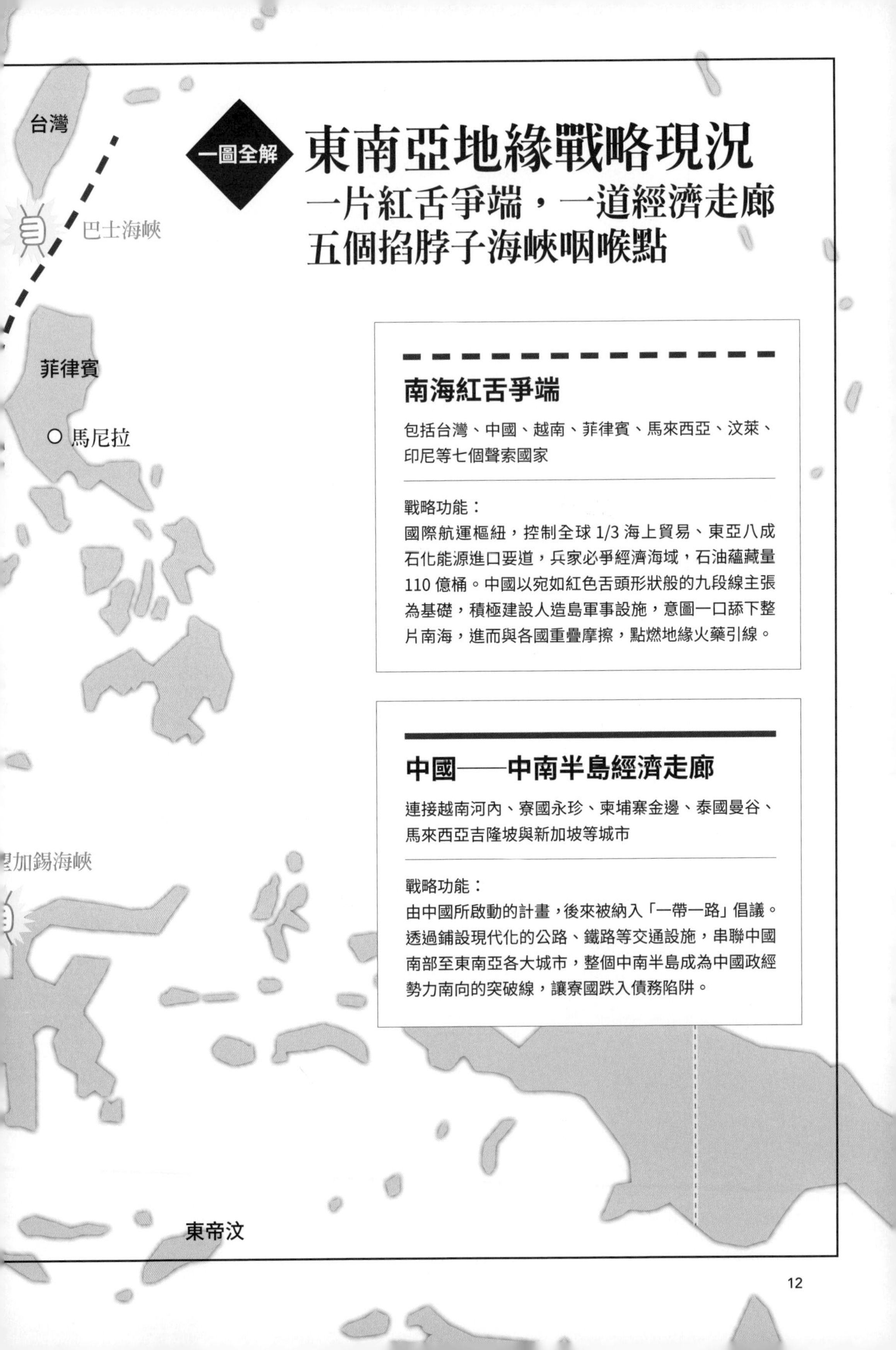

南海紅舌爭端

包括台灣、中國、越南、菲律賓、馬來西亞、汶萊、印尼等七個聲索國家

戰略功能：
國際航運樞紐，控制全球 1/3 海上貿易、東亞八成石化能源進口要道，兵家必爭經濟海域，石油蘊藏量 110 億桶。中國以宛如紅色舌頭形狀般的九段線主張為基礎，積極建設人造島軍事設施，意圖一口舔下整片南海，進而與各國重疊摩擦，點燃地緣火藥引線。

中國——中南半島經濟走廊

連接越南河內、寮國永珍、柬埔寨金邊、泰國曼谷、馬來西亞吉隆坡與新加坡等城市

戰略功能：
由中國所啟動的計畫，後來被納入「一帶一路」倡議。透過鋪設現代化的公路、鐵路等交通設施，串聯中國南部至東南亞各大城市，整個中南半島成為中國政經勢力南向的突破線，讓寮國跌入債務陷阱。

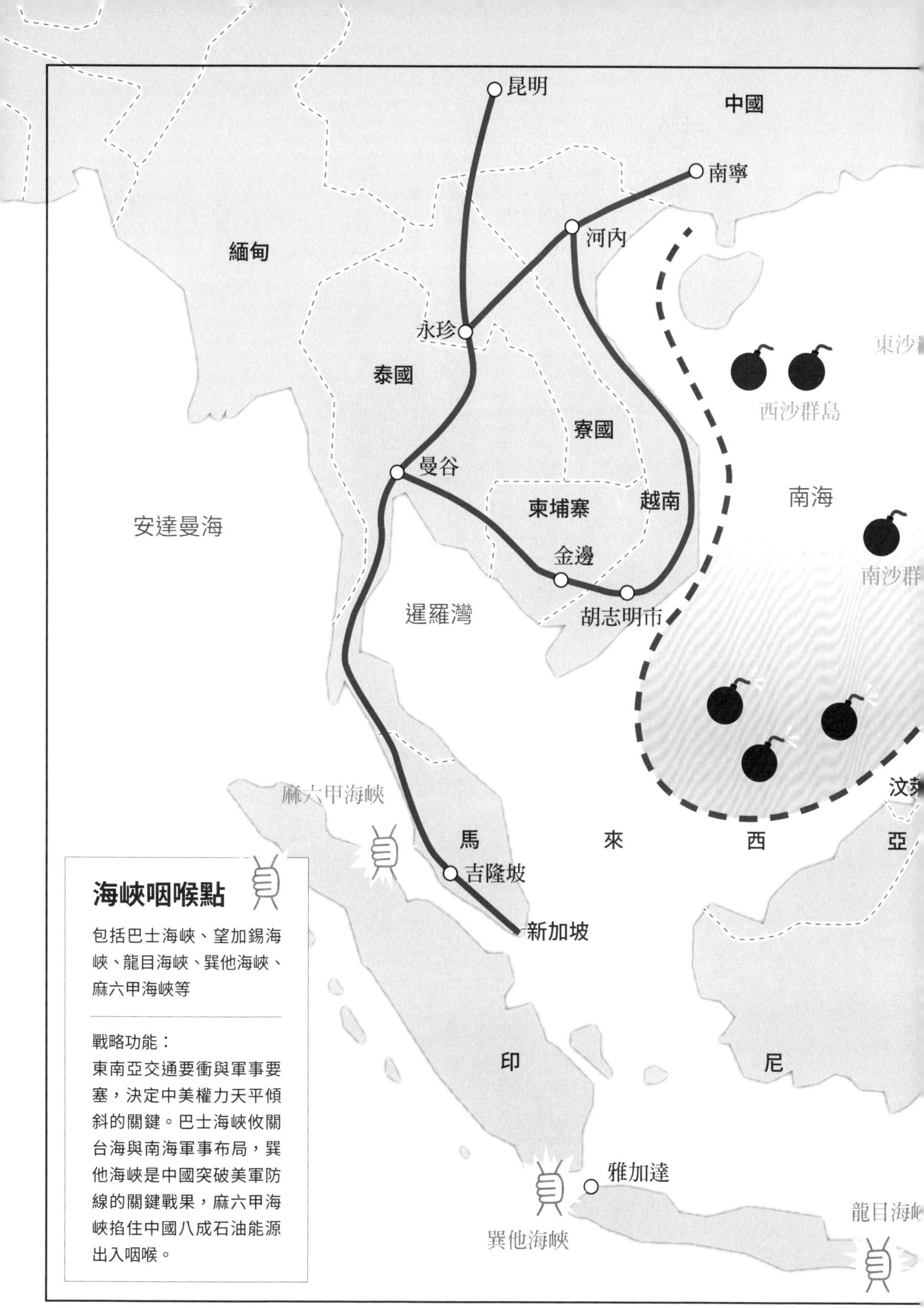

海峽咽喉點

包括巴士海峽、望加錫海峽、龍目海峽、巽他海峽、麻六甲海峽等

戰略功能：
東南亞交通要衝與軍事要塞，決定中美權力天平傾斜的關鍵。巴士海峽攸關台海與南海軍事布局，巽他海峽是中國突破美軍防線的關鍵戰果，麻六甲海峽掐住中國八成石油能源出入咽喉。

東南亞利多交會

東南亞炙手可熱，商機與戰略激烈交會。理解東南亞地緣，即理解強權在衝突與利益間的聰明權衡，是台灣思考未來布局的最佳場域。

文／林俊宇

古今四大浪潮簇擁，大戰略成局關鍵

東南亞，自古就是國際勢力的交會地，利益湧動，驚濤拍岸，各種大戰略與小算盤能否成局，全看東南亞這一盤棋。

歷史上，東南亞受過印度、中國、伊斯蘭與西歐四道強勢文明沖刷，在地種族試著與外來勢力融合，成就出「被動包容」的地緣特質，形成多國家、多種族、多宗教、多人口的社會面貌。（見40頁）

當代，又有四股浪潮在此吹襲拍打，相互競合。

第一股浪潮是中國的「一帶一路」。中國以金援與軍事軟硬兼施，使用投資和建設當作「胡蘿蔔」，拿南海填海造島當作「棒子」，讓東南亞國家得到大筆資金挹注的同時，又受到陸權擴張思維的威脅，南海衝突一觸即發。

中國希望在東南亞建立跨國經濟走廊、多模式海陸運輸路線、油氣管道和電網等網絡，並試圖突破**「麻六甲困境」**，分散中國的貿易路線地緣政治風險。

名詞解說

麻六甲困境
(Malacca Dilemma)

麻六甲海峽位於馬來半島與蘇門答臘島之間，全球有二分之一的油輪自此經過，為東南亞最重要的咽喉點，控制了中國八成以上的石油能源出入，也箝制著中國的貿易航線，故稱為「麻六甲困境」。中國的「一帶一路」戰略最重要的目的之一，就是要建立多元海陸運輸路線。

東南亞因爲中國支援，公共建設突飛猛進，再加上當地的人口紅利與新創活力，經濟發展頗有烈火烹油之勢。但高額貸款與大張旗鼓的開發，也讓多國踏入債務陷阱，走向「讓渡主權」的不歸路。（見169頁）

第二股勢力是美國的「印太戰略」。美日澳印四大國聯手，再納入新加坡、越南、菲律賓、台灣四小國，劍指中國，鎖緊島鏈防線，試圖讓東南亞政經勢力再平衡。

第三股布局是印度的「東進政策」，代表「全球南方」第三極勢力的覺醒與壯大，用以化解中國「一帶一路」與「珍珠鏈」戰略威脅，積極建立地緣夥伴關係。

第四股籌謀則是由周邊國家纏繞而成，包括韓國強調中等強國治理全球的「新南方政策」、台灣以經濟軟實力布局的「新南向政策」等，在大國棋盤中與東南亞攜手，創造地緣經濟的合作與穩定。

麻六甲海峽被稱為「咽喉點中的咽喉點」，得名自沿岸馬來西亞古城麻六甲，是東南亞地緣重要性的象徵。而位於沿岸關鍵位置的麻六甲海峽清真寺（Masjid Selat Melaka），在清晨氤氳水氣中，彷彿浮在海上，又被視為所有象徵中的象徵。

風中之竹：巧妙的被動者，主動形塑新世界

東南亞在新世紀裡炙手可熱，政治與經濟利多交織，大國合縱連橫，小國折衝生存，各方勢力彼此滲透和抗衡，小火花也能引爆大盤整。因此，東南亞發展出一套政治弄潮兒與權力平衡點的地緣智慧，也就是「竹子外交」和「等距外交」。

在古今列強競逐中，東南亞很早就由泰國起頭，形成「以被動者角色，主動形塑新秩序」的思維，並擴及域內多數國家，甚至成爲東協內部的默契。

這種智慧被形容爲「風中之竹」——擺動於列強之間，猶如竹子般柔軟堅韌，搖擺而不折斷；各種勢力激烈推湧，只讓它得到更多主動的機會，擁有更活力喧嘩的能量。（見178頁）

尤其中美貿易戰開打後，供應鏈從中國外移，全球投資湧進，無論是政治戰略或經濟布局，各國擁有都爭著成爲「**東協＋N**」的那一個「N」。這給予以東協爲主體的東南亞各國點不點頭合作的權力。東南亞以「被動者」的姿態，巧妙地把「主動權」掌握在手裡，教化企圖涉入該地緣的外來勢力，眞正成爲新局勢的決定者。（見52頁）

名詞解說

東協＋N

以東協為主體，和區域外國家合作的模式。包括東協與單一國家整合的「東協＋1」、東協與其他多個經濟體簽訂的自由貿易協定「東協＋3」、「東協＋6」。這樣的夥伴關係除了可以擴大東協影響力之外，也有助於東協國家的內部整合。

命定的「十字路口」，從巴爾幹走向烏托邦

從地理位置來看，東南亞註定擔任「十字路口」的角色。它南北向連結亞洲與

大洋洲，東西向連通太平洋與印度洋，擁有全球最狹長的半島、爲數最多的島嶼，咽喉點海峽密布全境，扼守了全球能源重要航道。（見22頁）

在地形上，東南亞又分爲「中南半島」和「南洋群島」兩個區塊，統稱爲「大陸東南亞」與「海洋東南亞」。這也說明了，東南亞既是歐亞大陸的一部份，也是第一島鏈的南半段，在地緣政治學上是典型的陸權、海權與邊緣地帶彼此相互交鋒之處。（見24頁）

冷戰時期，中南半島有「亞洲巴爾幹」之稱，美中兩國介入地緣競逐，發動代理人戰爭，連冷戰最緊繃的歐洲都未有過如越戰般火爆的情勢。而今日，中美貿易戰打得火熱，資金和供應鏈轉入東南亞，時勢又讓東協化身主導全球利多的「經濟烏托邦」。（見49頁）

東南亞經歷二戰與冷戰，從西方殖民地逐漸底定成十一個國家的格局。區域裡彼此克制，存異求同，東協花了五十多年，納入域內不同政體的國家，訂定六項行爲準則，採用共識決原則，形成「**東協默契**」，

泰國是東南亞唯一未曾被西方殖民的國家，泰皇拉瑪五世（Rama V）柔軟堅韌的外交手段居功厥偉，也為東南亞樹立起搖擺於大國間的「竹子外交」和「等距外交」傳統，他的肖像至今仍被掛在各個公共據點。圖為清邁火車站月台掛著拉瑪五世大幅畫像。

嶄新的地緣認同和歐盟東西對照。最明顯的例子是，近年緬甸內亂不斷，但東協各國仍謹守分際，不涉入或批判該國內政。東協以人為力量箍攏巨大差異的傑出成果，甚至有學者倡議應該頒給東協一座諾貝爾和平獎。

東協與歐盟最大的不同的是，東協未要求會員國要放棄主權爭議，而是透過區域安全與協調建制的方式處理，倘若爭議無法解決，則訴求國際法庭仲裁。

最創新的經濟，最騷動的黑天鵝

人口紅利、地理位置、中產階級、消費力，是未來最被看好的東南亞經濟體質。即使土地幅員廣大，地形破碎，多數基礎建設不足，東南亞新創企業卻能把社會痛點轉化為消費商機，短短十年間，一舉爆發出三十幾家市值超過十億美元的新創獨角獸企業。（見34頁）

不過，在風光的背後，東南亞也有著最複雜的地緣隱憂，地緣黑天鵝拍翅聲音隱約可聞。包括南海主權爭議、債務陷阱、猖獗海盜、毒品走私與人蛇集團、跨國電信詐騙、恐怖攻擊、排華浪潮與種族清洗議題，讓此地蒙上種種不確定的陰影。

尤其是，全球主權爭議最複雜的地帶——南海，有多達七個國家聲索主權。雖然東南亞國家共同的默契是不要動用到武力，但中國在南海積極建立**人造島礁**、機場跑道，並不斷與菲律賓和越南發生摩擦，和諧海域在十年間變成全球最緊張

名詞解說

東協默契

東協內部尊重各自國家主權，互不干涉內政，承認區域內政治、宗教、民族的複雜多元，在政治、外交、經濟、軍事各領域尋求共識和合作。

人造島礁

即「人工島」或「人造島」，在既有露出海面的礁上面，以人工填實成島嶼。中國和越南積極在南海建立人造島礁及機場跑道，作為聲索主權的策略，但依照《聯合國海洋法公約》規定，專屬經濟區和大陸棚內的人工島嶼、設施和結構不具有島嶼地位，不能主張領海劃定。

的火藥庫，隨時可能爆發激烈衝突。有人形容，中國的「九段線」形狀就像伸往東南亞的「紅色舌頭」，東南亞如何嚴防被地緣天敵一口吞下，或趁機裂解東協內部和諧，是當前最迫切的地緣政治課題。（見88頁）

台灣該如何布局？地緣政治是解答

東南亞與台灣有最緊密的連結。同為島鏈的一環，台商是東南亞的第一批投資者，也是產業界最早從中國出走的先行人。台灣從李登輝總統時代起，有三位總統提出過南向政策，並從初期「分散西進風險」的功能，轉變為率先擁抱地緣經濟利多，為台灣在國際交相擘劃的東協地緣區域占據領先位置。

李登輝政府在一九九〇年代推出「南向政策」，希望台商往東南亞發展。二〇〇三年，面對亞洲金融風暴後的情勢，陳水扁政府推出「新南向政策」，同時

中產階級與人口紅利，帶動了整個東南亞的消費力，百貨公司如雨後春筍冒出，在裝潢上推陳出新，吸引購物人潮。圖為泰國曼谷百貨公司在聖誕節期間以大型寶可夢雕塑吸引民眾打卡。

側重經濟、文化、教育等面向的交往。二〇一六年，蔡英文政府成立總統府「新南向辦公室」，將南向範圍從東南亞擴大到南亞和大洋洲等國家。

從台商的「備位」，到「首選區」

隨著中國投資環境驟變，東南亞從台商的「備位」變為「首選區」。接下來，台灣有需要因應時勢，推出全新的「4.0版新南向政策」？重點又應該是什麼？

從企業與人才的角度來看，面對新商機，該如何吃到大餅？當前東南亞有哪些國家適合台商建立「生產基地」？

從國防安全的視角分析，同為島鏈防線，在南海火熱衝突的時刻，台灣與東南亞各國有什麼軍事合作的可能？從國家總體布局的面向來看，台灣又該如何在東南亞的崛起中占到絕佳位置？台灣地理位置的特殊性，是與東南亞軍事的機會之窗？（見203頁）

東南亞，這個中等國家最多的地帶，既是新供應鏈應許之地、獨角獸企業最佳孵化場，也正迎接著「東南亞元」世紀的來臨。

未來，東南亞將決定台資企業的續航力。然而，台灣人最熟悉的東南亞，國情與歷史複雜，也最容易讓人霧裡看花。接下來就先從秒懂東南亞地緣政治特色開始，層層剝開強權在衝突與利益間的聰明權衡，以主動者的姿態，進入這個被動者主導的國際新秩序。

名詞解說

新南向辦公室

全稱為「新南向政策辦公室」，為蔡英文總統在二〇一六年為「新南向政策」所設立，直屬於總統府，可見其戰略高度。二〇一八年，辦公室取消，功能改由國家安全會議和行政院經貿談判辦公室設置相關組織取代。

東南亞社會青春活力，被視為新供應鏈應許之地、獨角獸企業最佳孵化場，台灣如何積極布局，攸關台商下一波起飛動力。圖為馬來西亞吉隆坡舉辦從印度教侯麗節衍伸出來的色彩節活動，年輕舞者穿著繽紛服裝表演。

特色 1

地理十字路口，地緣政治學展示場

文／楊文里

麥金德的「內新月形地帶」vs 斯皮克曼的「邊緣地帶」

東南亞同時是「地理位置」與「地緣政治」的十字路口。

從地理位置來看，東南亞位於亞洲大陸東南側，東西向連通太平洋與印度洋，南北向連結亞洲與大洋洲，形成交會十字路口。它既是歐亞大陸的一部份，也是第一島鏈的南半段。北邊的中南半島以一連串南北向山脈往下延伸，南邊的南洋群島則是大陸板塊接觸擠壓出的一連串破碎島嶼地形。半島與群島間夾出全球最重要咽喉點「麻六甲海峽」；掐住這裡，就等於掐住石油運輸的脖子。

從地緣政治學來看，東南亞也是「陸權論」和「邊緣地帶論」交鋒的十字路口。**在陸權論學者麥金德**（Halford Mackinder）**的描述中，東南亞屬「內新月形地帶」**。麥金德將歐亞非大陸比喻爲「世界島」，世界島的核心是心臟地帶（或稱樞紐地帶），外圍再擴散出內新月形地帶與外新月形地帶，凡是掌控心臟地帶者，即得天下。而樞紐國家最佳的戰略是從核心向外擴張，以巨大陸地資源強勢伸往海洋，變成掌握全世界。

一般認爲，**中國的「一帶一路」戰略，就是充分掌握世界島的精神，再賦予當代最新的地緣意涵，用陸地和海洋兩條觸角，貫穿整個歐亞大陸，緊緊抓牢世**

名詞解說

麥金德（Halford Mackinder）
英國地理學家，提出「樞紐地帶」概念，將歐亞非大陸比喻為「世界島」，歐亞大陸中央的平原則是「世界島」的樞紐地帶，這個樞紐地帶是具有戰略價值的地理特徵，若能控制這個地帶就能成為陸地強權。

19 世紀時，歐洲殖民帝國即看出東南亞的「邊緣地帶」地緣重要性，相繼以國家和貿易公司的形式各自占領多個地點。當時，在這幅法國字典中的〈印度支那〉舊地圖，特別標出印度、印度支那（中南半島）、印尼三塊主要勢力版圖。

界島，同時控制樞紐地帶和內新月形地帶，一舉得到經濟意義和政治意義上的「天下」。而此時，位於內新月形地帶的東南亞就成爲中國勢在必得的區域。

面對東南亞，中國利用「一路」海上絲綢之路布局，先以「中國—中南半島經濟走廊」（CICPEC）和湄公河，貫穿整個中南半島，由陸路往南面海洋延伸；同時也以像紅色舌頭形狀的「九段線」領海主張，從北向南，將南海納爲勢力範圍，舔拭東南亞。（見88頁）

不過，根據「邊緣地帶論」學者斯皮克曼（Nicholas Spykman）的觀點，東南亞有多數面積屬於邊緣地帶。中南半島是眞正的陸地邊緣，南洋群島是陸地延伸出來的第一島鏈。「誰掌握邊緣地帶，就掌握了歐亞大陸」，美國的印太戰略從印度洋往東包含整個東南亞，延伸到太平洋地區，層層咽喉要塞阻絕陸權外擴。

一帶一路和印太戰略在東南亞交錯，世界島新陸權擘劃與邊緣地帶海權布局在東南亞比腕力，東南亞成爲舉世地緣政治勢力的大天平，無論東南亞擺向哪一端，都會決定世界的命運。

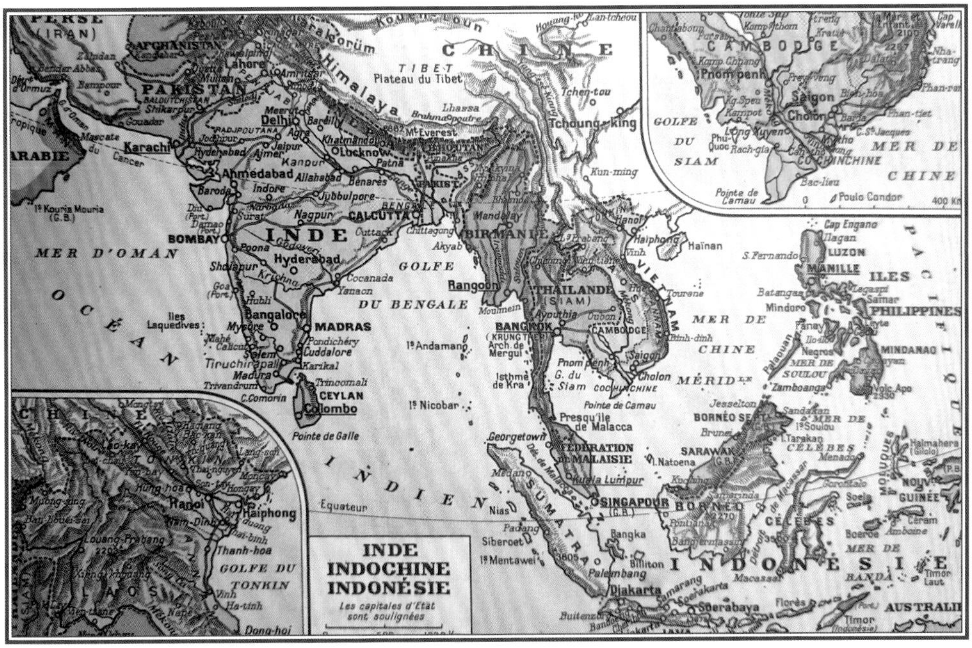

特色 2

雙地形：海陸權碰撞地，化身緩衝區

大陸東南亞 vs 海洋東南亞：激戰半島，海洋後盾

東南亞是「大陸」與「海洋」的交會地帶，有歐亞大陸延伸出來的中南半島，也有大陸外圍的南洋群島。前者包含了越南、緬甸、寮國、柬埔寨與泰國等國家，被統稱爲「大陸東南亞」，後者有菲律賓、馬來西亞、印尼、汶萊、新加坡、東帝汶等國，稱爲「海洋東南亞」。自古以來，陸權與海權的兩方在這裡碰撞，而今日則是海陸勢力的緩衝區。

依照地緣政治學理論，如歐洲、阿拉伯半島、朝鮮半島、中南半島這類從大陸延伸出來的凸出地帶，最容易成爲海陸兩權的競逐與交鋒點，因爲陸權將此視爲陸地的延伸，海權則當成進入陸地或圍堵陸權的關鍵點。

過去，中南半島曾發生兩場陸權與海權的戰爭，分別是第二次世界大戰中的東南亞戰役（當時抱持陸權思維的日本對上海權思維的英美），以及二戰後所發生的越南戰爭（海權美國對上陸權中國支持的越共）。

東南亞戰役期間，日本因明治維新後抱持著陸權思維，逐步往西擴張，藉以滿足軍事資源的需求。當時，控制東南亞的歐洲各國忙於歐陸戰爭，無暇顧及此地，日本長驅直入，籌備太平洋戰線主要後勤基地。結果抱持陸權思維的日本在

名詞解說

代理人戰爭（Proxy War）

泛指兩個國家間的武裝衝突，但其中的一方或雙方未直接開戰，而是在背後指導，或間接以資金、提供武器等方式援助實際上的交戰國。韓戰與越戰是典型的例子

占領東南亞後，與海權美國利益相扞格，展開激戰。

二次大戰結束後，亞洲勢力重新洗牌，蘇聯在赤化中國後，進一步從中南半島北端往南進逼，讓美國爲首的海權國家大感不安，於是發展出戰略包圍網。進與守的兩方在越南激烈碰撞，引發**「代理人戰爭」**。

中國和蘇聯支持「越南民主共和國」（北越）以及在南越游擊的「越南南方民族解放陣線」，對上美國等國家支持「越南共和國」（南越），戰事遍及寮國和柬埔寨。美國雖投入大量人力與物資，但最終仍然演變成長期消耗戰，不得不撤出越南，北越因此順勢統一越南，是爲二戰後海權國家最慘烈的挫敗。

不過，也因越戰戰況過度激烈，讓海洋東南亞上的印尼、菲律賓、馬來西亞、新加坡等國都對共產赤化勢力產生戒心，並形成默契，在島鏈上構築一道圍堵共產勢力的防線。

近年來，陸權中國與海權美國雖再度於東南亞交鋒，但東南亞國家已非昔日般脆弱，不但以「竹子外交」和「等距外交」應對，甚至讓整個東南亞成爲印太地區的陸海緩衝地帶。（見180頁）

湄公河流經中南半島六國，滋養大地。上游水勢湍急，既是地形天險，也是水資源爭奪的焦點。

特色 3

咽喉海峽密布：五處戰略要塞，決定權力天平傾斜何處

中美攻守：中國有突破，也有困境

東南亞橫阻太平洋與印度洋的連通，又因島嶼多、半島狹長，擁有不少交通要衝型的狹窄海域。其中，**最重要的戰略咽喉點有五處，分別是巴士海峽、望加錫海峽、龍目海峽、巽他海峽與麻六甲海峽**。

巴士海峽位於台灣本島與菲律賓巴丹群島之間，連通南海與太平洋，是中國往東通往太平洋的重要航道，也是中國海軍戰略上以鉗形南北包夾台灣的必爭之地，故被視爲鎖緊第一島鏈絕不可放鬆的咽喉。加上近年中國積極布局南海，附近軍艦、海警與漁船時有摩擦，此處也成爲美菲「肩並肩」(Balikatan) 軍事演習的重點區域。（見166頁）

望加錫海峽被稱爲「印尼東方門戶」，是連通西里伯斯海和爪哇海、班達海的航道，也是南海、菲律賓和澳洲的重要航線，美軍常利用這裡通行於西太平洋和印度洋之間。但近年中國軍艦活躍於西里伯斯海，頻繁進行遠洋訓練，讓美國十分警戒。

龍目海峽位於印尼巽他群島、龍目島與峇里島之間，連通爪哇海和印度洋，海峽最窄處只有十八公里，但因水深達二百五十公尺，能通行巨型油輪，潛艦進

名詞解說

美菲「肩並肩」軍事演習 (Balikatan)

美國與菲律賓自二〇〇二年開始定期舉行年度聯合軍事演習，演習代號為「肩並肩」，以反恐為主要目標；近年來演習改為針對菲律賓周邊的南海海域進行軍事演練，加強菲律賓地緣海上防務。

出也較爲隱密，目前是中美兩國競逐地。中國利用與印尼合作的反恐與海盜演習，不時穿越此咽喉點。

巽他海峽位於印尼爪哇島與蘇門答臘島之間，呈東北與西南走向，同樣是連接爪哇海與印度洋，最窄處只有二十四公里，航道的潮汐與海底深淺不一，船隻需要導航方能安全通過。

在東南亞一連串的海峽中，麻六甲海峽爲重中之重，與蘇伊士運河、巴拿馬運河並稱爲世界三大咽喉要塞。它位於中南半島最南端馬來半島與蘇門答臘島之間，連通太平洋、南海與印度洋，全長一千零八十公里，最窄處卻只有二・八公里，海域分屬新加坡、馬來西亞、印尼、泰國，同時具備經濟與戰略價值，是東南亞十字路口中的十字路口。這裡有全球四分之一的油輪經過，控制了中國八成以上的石油能源出入，美軍於附近新加坡樟宜海軍基地設有駐軍，因此被稱爲中國戰略上的「麻六甲困境」。

各國在這些咽喉點的競逐，決定東南亞的政經權力天平傾斜。

印尼龍目島海灘是指標性觀光景點，遊客喜歡在海上鞦韆拍照打卡。前方與峇里島相望的海域即為龍目海峽，歡樂氣氛下其實暗潮洶湧，中美潛艦低調穿梭，試圖掌握這個東南亞最隱密的咽喉點。

特色 4

到處都是重疊的經濟海域：漁權、油田、人造島

資源誘惑之爭，漁業首當其衝

由於東南亞是由半島和群島組成，東南亞各國及周邊國家之間，都存在著經濟海域重疊區。

一般來說，領海十二海里以外、二〇〇海里以內的海域範圍，會劃定爲該國的專屬經濟海域，在經濟海域內擁有進行海洋科學研究，與開採、探勘、開發、養護、管理海床上、岩層中所有生物及其他自然資源的排他權利，並可利用海水、海流和風力來生產能源，也可建造和使用人工島嶼設施，具有海洋環境保護的管轄權。

亦即，只要擁有經濟海域，就能擁有海域內的漁獲、礦產、石油、可燃冰、風能與洋流能等多元且具潛力的資源。

雖然東南亞的印尼、馬來西亞、菲律賓、汶萊等國家已就多數重疊經濟海域達成默契，但是有利益，就會有糾紛。東南亞經濟海域的糾紛多圍繞在漁業、能源開採與人造島等議題上。尤其是漁業資源爭奪常衍生成爲了打擊非法捕魚，出動海軍炸毀他國漁船的摩擦情勢，甚至將台灣等周邊國家捲入其中。

名詞解說

廣大興廿八號

二〇一三年台灣籍漁船「廣大興廿八號」在台灣與菲律賓兩國的專屬海域重疊區域上爆發衝突，菲律賓公務船對進行作業的漁船以機槍射擊，造成船長洪石成身亡以及船上漁民受傷，當時台灣民眾聞訊後感到忿怒，導致中菲外交關係一度緊張。

機槍掃射漁船，各國爭建人造島與設施

例如，台灣與菲律賓就多次在巴林坦海峽發生漁業衝突，最有名的是二〇一三年台灣漁船「**廣大興廿八號**」遭到菲律賓公務船以機槍和步槍掃射，爆發兩國外交緊張、民心對峙。

近年，東南亞最嚴重的經濟海域衝突熱點則在南海，此處共有七個國家聲索主權。

越南與菲律賓兩國在控制的島嶼上，進行飛機跑道修繕、擴建島內港口與修建民生設施。

中國大規模填海造島工程，以島礁軍事化爲目標部署武力。

南海整體軍事衝突風險正逐步上升，雖各國採克制、平衡的做法，但摩擦已不再局限於各國官方對他國漁船的攻擊，警艦與軍艦的緊張態勢也愈趨頻繁。加上東南亞各國對於中國在南海擴張所採取的態度不一致，讓此區域的經濟海域已有往火藥庫發展的態勢。（見88頁）

南海漁業資源豐富，漁船遍布，糾紛也多。中國積極填海造島後，各國漁船遭到中國海警擦撞、毆打的情事時有所聞。根據統計，近年單單越南漁船就有上百艘遭到中國船隻突襲和摧毀。

特色5 各國有各自的地緣天敵，區域有區域的大天敵

接壤的國家是命定敵人，東協很難像歐盟

從東南亞整個大區域的地緣政治角度來看，它夾在中國、印度與澳洲之間，理論上這三個國家應該是東協的地緣天敵，但實際上，東南亞有十一國，彼此恩怨難解，每個國家彼此就是各自的天敵，基於「接壤的國家是敵人」、「敵人的敵人是朋友」原則，讓東協很難像歐盟一樣，步調一致。

先從區域地緣天敵來看，東協國家爲了建構東協在東南亞區域政治與安全事務的中心地位和自主性，有計畫地透過戰略夥伴關係的連結，以及建立多重區域政治安全的協調機制，像是「東協區域論壇」與「東亞峰會」，以期能在這些區域天敵的合作與衝突之間，扮演協助平衡折衝的角色。（見81頁）

不過，東協與印中澳的戰略利益不一定全然相剋，因此經濟發展反而是決定大地緣競合的焦點。例如，印度爲了避免自由貿易傷害國內的產業發展，甚至退出東協主導的「區域全面夥伴經濟協定」。中國的經濟實力太誘人，東協想與之保持友好關係。

若從東南亞各國爲主體的地緣政治關係上來看，各國彼此都有各自的敵人與朋友。以中南半島爲例，中國是越南的天敵，越南是寮國和柬埔寨的天敵，「敵

名詞解說

兩山戰役

一九八四年中國與越南為了爭奪中越邊境的老山與者陰山地區爆發邊境衝突，中國透過軍區輪流作戰的戰術與越南軍隊長期交戰，最終中國取得勝利並占領老山與者陰山地區，一九九三年再度確立兩國疆界。

人的敵人是朋友」，寮柬兩國反而和中國友好。

雖然越南社會主義共和國是在中國支持下建國，但中國對越南干涉甚深，從越戰結束未久的一九八〇年代開始，中越兩國就不斷上演邊境衝突，陸上有激烈的**兩山戰役**，海上則有赤瓜礁海戰。

值得注意的是，中越兩國雖然在陸地邊界的談判取得共識，但是在南海海域的爭議卻沒有解決，時常發生爭端。

越南過去是寮國的天敵。二次大戰結束後寮國頻傳內戰，當時越南境內的分裂勢力、美國與泰國都曾介入寮國內戰，甚至意圖控制寮國，寮國與越南兩國關係一度交惡。不久，越戰告一段落，寮國共產黨也取得政權，切斷與中國與其他東南亞鄰國的聯繫，卻沒有中止與越南之間的政治關係，促使寮國與越南簽訂長達二十五年的《越寮友好合作條約》，這也是當時越南構思建立「中南半島聯邦」的重要政治布局。

整體來說，東南亞各國雖各自有各自的敵人與朋友，但彼此之間卻盡量克制不相互為敵。

老山過去是中越兩國爭奪的邊境據點，地形險峭，雖然現今沿著山谷建築公路的北松斜坡已化身觀光景點，但歷史戰役的緊繃氛圍仍揮之不去，也成為今日中南半島外弛內張情勢的縮影。

特色 6

「東協」，以人為力量箍攏大東南亞地緣

從「散沙」到「大聯盟」，展現「＋N」魅力

東南亞太大，文化很多元，要整合成區域性組織「東協」，過程相對困難。不過，東協產生默契後，原本龐大而破碎的地帶，反而有從「散沙」變成「大聯盟」的氣勢。因此，有人甚至認為東協應該拿「諾貝爾和平獎」。

一九六七年冷戰期間，東協成立。冷戰結束之後，東協國家為了建構東協在東南亞區域政治與安全事務的中心地位和自主性，有計畫地透過戰略夥伴關係的連結，並建立多重區域政治安全的協調機制，像是「東協區域論壇」和「東亞峰會」。**東協透過這個機制，協調印太區域大國之間的關係，例如美國、日本、印度與中國，希望這些區域大國在合作與競爭之中，能為東協扮演平衡折衝的角色。**

值得注意的是，東協各國的政經狀況不一，而且東協與中美之間的政治關係也有所不同，因此東協內部對於地緣政治局勢演變的見解不盡然一致。

另外，東協仍小心翼翼觀察「**四方安全對話**」（Quadrilateral Security Dialogue, Quad）機制及美國「印太戰略」的發展動向，擔心區域抗衡性質明顯的國際組織，會影響東協內部立場的一致性、裂解東協維持已久的中心原則，並對東協區域政治穩定與和平安全的自主性產生威脅。（見122頁）

名詞解說

四方安全對話（Quadrilateral Security Dialogue, Quad）

由美國、日本、印度和澳洲所組成的夥伴關係，二〇〇七年由日本首相安倍晉三發起，得到美、印、澳三國的支持，透過對話機制加強合作，以應對中國崛起，並實現印太地區內自由開放的共同目標。

東協與歐盟最大的不同是，歐盟爲了推動歐洲統合的目標，要求所有加盟國須讓出部分主權的爭議，以及調和歐盟內各國的利益；而東協則未要求會員國要放棄主權爭議，而是透過區域安全與協調建制的方式處理爭議，倘若爭議無法解決則訴求國際法庭仲裁。

歐盟本身有自己的議會，議會依規定要和理事會共同決策，並且雙方要互相同意才能通過立法，東協雖然目前沒有類似特殊立法程序的機制，但內部設有區域論壇，區域論壇的目標是促進對話和磋商，藉以促進東南亞地區建立信任與預防性外交。

値得注意的是東協的「＋N」魅力。由東協發起的「區域全面經濟夥伴協定」，構成東協與中、日、韓、澳、紐五國之間的貿易協定，協定旨在各成員之間的關稅有所減讓，至少十年內降至零關稅，直至現在該協議已超越歐盟，成爲目前世界最大的自由貿易協議。（見50頁）

東協採輪值主席國制度， 各國按英文名稱的字母排序輪流擔任。2023 年主席國是印尼，2024 年為寮國，2025 年則是馬來西亞。圖為印尼擔任主席國時，首都雅加達掛上東協招牌華麗的一景。

特色7 社會發展痛點，成就跨國界經濟新應許之地

東南亞社會痛點，即消費商機所在

東南亞土地幅員廣大，土地分布也很破碎，儘管部分國家基礎建設不足，國內數位發展卻異常快速，反而造就了滋養顛覆性社會設計思維的場域。

東南亞各國經濟發展與產業特色差異大，新加坡是東南亞內唯一已開發國家，經濟活動以第三級產業爲主，瞄準在高科技產業以及教育產業。馬來西亞與泰國，雖然位居經濟發展前列，經濟活動仍以第二級與第三級產業爲主，近年焦點放在航運業、金融業與物流業。

至於菲律賓、印尼與越南，則偏重觀光產業及第一級產業，許多民衆出國前往其他國家擔任外籍移工賺取生計。緬甸、柬埔寨、寮國與東帝汶的經濟發展較爲滯後，主要發展觀光業、農業、漁業。

不過，新冠肺炎疫情前後的短短十年間，東南亞產業有了令人耳目一新的發展，一舉爆發出三十幾家市值超過十億美元的新創獨角獸企業，包括 GoTo、Grab、Sea 等。

以東南亞最大獨角獸企業 GoTo 爲例，它是是由乘車公司 Gojek 與電商平台 Tokopedia 合併而成，這兩家新創企業都是以「找到社會問題，創造解決問題的

名詞解說

新創獨角獸企業

泛指成立不到十年且未在股票市場上市的新興創業公司，一般公司估值達十億美元以上，由於獨角獸是一種傳說生物，不僅稀有而且高貴，正好形容這些從競爭者當中脫穎而出的新創公司，這些新創公司主要集中在金融領域、科技領域以及物流領域，像是 Airbnb、Uber 以及 SpaceX 等。

商機」起家。

Gojek是印尼運輸龍頭，有「印尼版Uber」的稱號。Gojek在創業初期即發現印尼交通塞車的痛點，以數位應用程式（App）媒合機車司機和乘客，大受歡迎。隨後，這套創新模式漸次疊加美食外送、電影院訂票、電子支付、遊戲儲值與直播等業務，並迅速在越南、泰國、新加坡、菲律賓等東南亞國家跨境拓點，獲致成功。

Tokopedia則被暱稱為「印尼版Amazon」，長期經營多角化電子商務，針對穆斯林消費者推出符合伊斯蘭教義的商品，獲得當地穆斯林消費者熱烈回響。Gojek與Tokopedia強強聯手，讓合併後的GoTo擁有橫向與縱向整合後優勢，向東南亞廣大市場整個鋪展開來。

除了電商獨角獸，近年有「越南特斯拉」之稱的VinFast，以及「越南小騰訊」VNG，更相繼赴美首次公開募股（IPO）發行，募集資金。（見189頁）

東南亞在地緣政治東協一體化的同時，民間的地緣經濟以高度活力跨國界整合。當供應鏈為了去風險化，從中國移往東南亞時，新創獨角獸的成功更明確指出，東南亞是具備消費力與活力的全新產業發展應許之地。

東南亞新創獨角獸企業紛紛竄出，為區域經濟帶來活力和創意。總部位於新加坡的馬來西亞運輸服務公司Grab，兼營車輛租賃、即時共乘、外賣、送貨、電商等服務，穿著綠色制服的外送員身影，成為東南亞特殊的街頭景致。

歐洲殖民帝國爭相競逐的中南半島

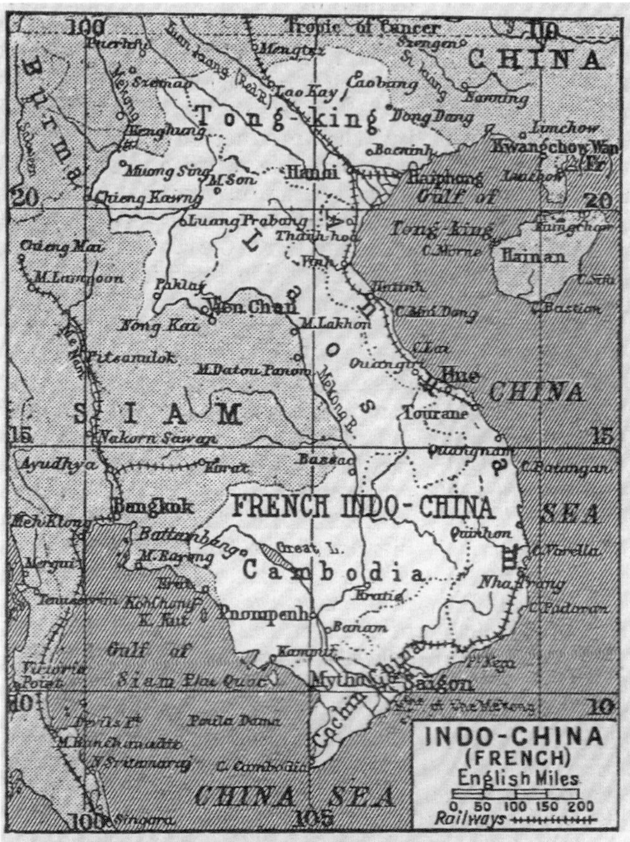

Indo-China. Map of the French dependencies in the Far East

十五世紀大航海時代以來，歐洲列強先後東來，以殖民地與殖民公司的方式，大舉擴張勢力。十九世紀前葉，英法開始將眼光聚焦到中南半島。

這張漢斯沃思（Harmsworth）百科全書上的中南半島老地圖顯示，在 1920 年代，列強在中南半島劃分勢力範圍，緬甸屬英國的勢力；「印度支那」爲法國的殖民地，統治範圍包括越南、寮國與柬埔寨等國家。另外，當時稱爲暹羅的泰國，則夾在英法兩國勢力之間，成爲得以保全獨立地位的緩衝地帶。

法國在中南半島興建鐵路，並加速開發殖民地；英國因而向泰國要求建立一條從安達曼海到暹羅灣的鐵路，節省繞過麻六甲海峽的昂貴運費，但被擅長利用英法相互制衡的泰國國王拉瑪四世拒絕。老地圖上所呈現的鐵路，是到了拉瑪五世時，泰國才以自己的國力興建。

2 東南亞歷史：文明沖刷，休戚與共

東南亞，族群多樣的地區，因四大文明而豐富，因尊重包容而共榮。

東南亞拋開殖民主義束縛之後，走過自由與共產兩極的荊棘路，一路再挺過亞洲金融風暴，終於迎來繁花勝景，邁向一體化的未來。身為中美對抗新格局的最前線，東南亞也是各方拉攏的新戰略夥伴。

東南亞地緣政治史

如果說歐盟是一個遠近親戚組成的大家庭，東協更像是街坊鄰居構成的互助互惠社區，各國彼此尊重「家家有本難念的經」，展現驚人共榮共好凝聚力。

文／柯筆辰

台灣和東南亞不僅在地理上相近，共享南島語系血脈，當代又因移工和新住民變得更加親近。然而東南亞國家眾多，歷史豐富、紛雜，台灣人卻對東南亞歷史知之甚少，更遑論理解美中對抗格局下的地緣政治。

「東南亞」雖然是短短三個字，但它同時包含了大陸與海洋文化，融合人類四大文明與信仰，有著多樣化族群、多種語言、多元經濟結構。在經濟上，既擁有亞洲最成熟的金融服務，也存在最原始的勞動力出口；它既是觀光勝地，又是製造業密集區。**東南亞是如此一言難盡，也無怪乎讓人熟悉又陌生**。

顛簸數百年，開出一座大花園

大航海時代，歐洲殖民者將東南亞強行帶入主流世界史篇章內，展開長達三百年殖民統治，又因殖民地公司複雜的土地買賣，造就了國家間複雜糾葛的邊境議題，也帶來國界雛型。第二次世界大戰後，各國在苦難中耕耘獨立建國的土壤，新興國家陸續萌芽，歷經美蘇冷戰對立的狂風吹折後，直到一九九一年**蘇聯解**

名詞解說

蘇聯解體

一九八九年柏林圍牆倒塌，成為東歐民主革命發生的契機，蘇聯的加盟共和國開始考慮獨立的可能性，一九九〇年加盟共和國接二連三宣布獨立，蘇聯瀕臨解體。一九九一年蘇聯領導人戈巴契夫宣布辭職，將國家權力移轉給俄羅斯總統葉爾欽，於是蘇聯最高蘇維埃通過決議，宣告蘇聯正式解體。

體，整個東南亞終於迎來繁花勝景，並逐步凝聚出區域組織「東協」的共識與默契。

在東協這座大花園裡，各國共享雨水和養分，同時也謹守分際，互不干涉。在這樣的默契下，整個東南亞有了共同想像的圖像，但又保持各個國家的獨特性。

如果說歐盟是一個遠近親戚組成的大家庭，東協更像是街坊鄰居組成的互助互惠社區，在面對共同命運與磨難時，彼此尊重「家家有本難念的經」，展現的驚人共榮共好凝聚力，一起通過亞洲金融風暴的考驗，抱持相類似的「竹子外交」原則。站在美中對抗新格局的最前線，東協已經成爲美中勢力都要討好的關鍵地帶。

東南亞在顛簸數百年後，爲何能開出一座大花園？是什麼原因讓這裡成爲種族與宗教的大熔爐？接下來的東南亞地緣政治歷史連走，將快節奏穿越一幕幕如雲霄飛車般驚異的歷程。

東南亞國家多數很年輕，東協裡的汶萊直至 1984 年 1 月 1 日才獨立，並隨即加入東協。汶萊是君主專制國，信奉伊斯蘭教，以石油和天然氣致富，社會福利完善，人民無須繳稅，年輕王室的婚姻受媒體追逐，讓東南亞增添多元想像。圖為汶萊首都的傑米清真寺，一年四季，繁花勝景。

東南亞地緣政治歷史連走

文／柯筆辰、李崇翔

1 四大文明浪潮交會，「東南亞」一詞的由來

東南亞區域位於太平洋和印度洋之間，北鄰歐亞大陸，南至澳洲大陸，山海交錯之際，也是歷史文化衝突融會之地。

在人類還沒有「亞洲」這個概念前，由於東南亞國家臨近古代中國南側，而被統稱為「南洋」。一八三九年，美國牧師馬爾科姆（Howard Malcom）寫作《東南亞旅行》一書，東南亞（Southeastern Asia）一詞才首度出現。第二次世界大戰時，同盟國盟軍設立「東南亞戰區」，全世界開始廣泛使用東南亞來稱呼這片區域。

東南亞就像迪士尼樂園，可以分為海洋與陸地兩部分，陸地部分是以緬甸、泰國、寮國、越南和柬埔寨的中南半島組成，其中也包括西馬來西亞；海洋部分則是由印尼、汶萊、菲律賓、新加坡、東帝汶和馬來西亞的馬來群島組成。

東南亞經歷過四大文明浪潮強勢洗禮，包括古老的中國儒家文化、印度的佛教和印度教文化、順著海上絲路傳來的伊斯蘭文化，以及歐洲殖民母國帶來的天主教文化。

另外，除了泰國，東南亞國家全部都曾被歐美殖民統治。廣闊的區域，開放的

名詞解說

《東南亞旅行》(Travels in South-Eastern Asia)

美國浸信會牧師霍華德．馬爾科姆於一八三九年出版的著作，記載他在東南亞傳教的經歷。他也撰寫《緬甸旅行》一書，記載他在緬甸的遊歷。這兩書讓他獲得了聯合學院和佛蒙特大學的神學博士學位。

印度教在東南亞具有悠久歷史，知名的柬埔寨世界文化遺產吳哥窟，即為印度教建築群，於十二世紀由吳哥王朝國王蘇利耶跋摩二世興建，是世界上最大的神廟。

海域，集合人類文明四大宗教，再加上多元民族、殖民與戰爭統治，使得東南亞成爲最風光明媚，卻也是高度風險的地緣政治最前線。

2 二戰後獨立潮，東南亞化身政治體制博物館

東南亞的多樣化程度，直接反映在各國不同的政治體制上，堪稱是「國家政體博物館」，人類創造的當代政治體制，幾乎在東南亞都找得到。

唯一沒遭受殖民統治的泰國，維持了相對傳統的君主立憲體制。泰皇是國家精神象徵，實際政務則由總理掌控，不過泰國軍方長期影響政局，從一九三二年至今，泰國已經實行了二十部憲法，隨時都可能再改變。

相比之下，汶萊雖然受過英國統治，但汶萊蘇丹的統治從未中斷，已經世襲超過六個世紀，是典型的君主專制國家。柬埔寨雖然也實行君主立憲制，卻同時呈現一黨專制的局面，現任總理洪馬內的父親洪森，已經掌權將近四十

年，連柬埔寨國王都是洪森迎接回來才能復位。

越南與寮國則同屬於一黨專制的社會主義共和國政體，從一九七五年越戰之後，就一直維持至今；作爲對比，新加坡則從一九六五年獨立以來，維持人民行動黨統治的議會共和政體。

其他東南亞國家則是已經或正在成爲民主國家，但制度有所不同。菲律賓自獨立之後，就建立總統制民主體系，中間也經歷過二十年的強人統治，現在已經恢復正常選舉。印尼則是在強人獨裁垮臺後，逐漸轉向民選總統體制。

馬來西亞在獨立後，傳承英國統治，採用內閣制，但由於國內有九個獨立的王室，所以最高元首職位由九位蘇丹輪流擔任，實際政務由獲得最多選票的政黨推派首相負責。

最年輕的國家東帝汶，於二〇〇二年正式脫離印尼獨立，採用半總統制，總統由人民直選產生，但主要政務則由國會最大黨領袖擔任總理負責；和內閣制主要差別在於總統擁有政策否決權，可以實際影響政府運作。

如果搞不清楚公民課本教的各種政治體系，把身邊的東南亞朋友問一輪，肯定就會明白許多。

名詞解說

蘇丹（Sultan）

阿拉伯語，意指「力量」、「統治者」等，是伊斯蘭國家統治者的頭銜。十一世紀後，「蘇丹」一詞被伊斯蘭國度的君主廣泛使用，後來只要是被蘇丹統治的國家都通稱為「蘇丹國」。

3 冷戰時期紅潮，從大陸向海洋蔓延

越南是台商供應鏈前進東南亞最喜愛的落腳地之一，如今仍採行社會主義，由共產黨專政。圖為二〇二四年，胡志明共產主義青年團手持國旗在胡志明市街頭遊行，旗海一片鮮紅。

雖然東南亞充滿多種政體，但也不能免於全球冷戰格局下的兩極對抗。早在一九二〇年代，共產主義就已經傳入，最早的領導者便是被稱爲「越南國父」的胡志明，他趁著二戰結束、日本投降之際，建立越南民主共和國，成爲東南亞首個社會主義國家，並開始向其他國家推動革命。

在**共產國際**指導下，以越南爲中心，往西邊的寮國、柬埔寨擴散，往東則跨越海洋，朝馬來西亞、新加坡、菲律賓和印尼蔓延。**對於長期受到西方列強殖民的東南亞國家來說，共產主義充滿吸引力，很快就獲得許多民眾支持，但在冷戰的國際體系下，這些國家的共產革命幾乎全數被鎮壓撲滅，其中最慘烈的當屬印尼「九三〇事件」**。

印尼共產黨成立時間甚至比中國共產黨更早，在荷蘭殖民時期即不斷發動革命，直到二戰後荷蘭結束殖民統治，與共產國際關係密切的印尼國父蘇卡諾，展開軍事獨裁統治。他對內獨裁，對外又反對馬來西亞建國，蘇卡諾最終引來印尼共產黨的反抗，在一九六五年九月三十日，一位陸軍中校發動政變殺害六位將領，宣布成立「革命委員會」。這項行動導致印尼軍方反共勢力反撲，逮捕印尼共產黨主席和發動政變的軍人，甚至將「清洗」規模擴

大至親共村落和印尼華人聚落，導致約五十萬人死亡的慘劇。

印尼反共事件成爲冷戰中推進世界轉動的小齒輪。中國燃起「文化大革命」的火種，印尼從此脫離蘇聯陣營轉向親美立場，同時也爲印尼社會的「排華」情緒埋下種子。

4 底定大局的兩場戰爭：越戰和中越戰爭

一九六〇年代前後的冷戰政治空氣極度凝重，韓戰結束後，蘇聯總理赫魯雪夫對美國態度更加強硬，他主導了古巴飛彈危機、第二次柏林危機，甚至當面威嚇美國總統甘迺迪，要求美國在柏林讓步。

同時，共產黨在印尼、菲律賓、柬埔寨不斷擴張勢力；**爲了避免與蘇聯直接衝突，美國政府決定在其他戰場上強硬還擊，氣勢正盛並且獲得中國、蘇聯支持的越南民主共和國（北越），此時決定要統一全越南，給了美國一個表態的機會。**

初期美軍只是派遣少量特種部隊前往境內作戰，直到一九六四年「**東京灣事件**」，兩軍大規模正面衝突後，美國才正式全力投入戰爭，在兩年內美軍人數增加到五十萬人，企圖快速結束戰爭。

沒想到在中國與蘇聯的軍事援助下，搭配北越軍善用地形、不怕犧牲的遊擊戰策略，美軍被拖入戰爭泥沼，國內反戰聲浪高昂，政敵趁勢抨擊，使主導越戰

名詞解說

共產國際 (Communist International)

該組織是由俄國革命家列寧領導下成立，總部設於莫斯科，以宣傳世界革命為宗旨，又稱為「第三國際」。共產國際成立後，曾協助中國、日本以及東南亞組織共產黨，對近代東亞政治產生極大影響。

東京灣事件 (Gulf of Tonkin incident)

二戰結束後，法國與北越爆發第一次中南半島戰爭，法國戰敗導致南北越持續分裂，越南未能統一。一九六三年越南爆發政變，美國擔心越南全境赤化，美國襲擊北越；一九六四年七月底，美國協同越南軍艦與北越軍艦在東京灣海上爆發武裝衝突，該事件導致美國國會決議通過美國政府全面介入越戰。

的詹森總統在初選時就慘敗，最終由尼克森勝選，讓美軍逐步撤出越南，之後尼克森也成爲第一個訪問中華人民共和國的美國總統，從此改變中美政治關係。

北越最終全面勝利，成立共產黨一黨專政的越南社會主義共和國，但卻又與支持她的中國逐漸交惡，雙方由於「排華事件」、「南海糾紛」和「侵略柬埔寨」等事態影響，對立情勢不斷升溫，在一九七九年爆發了社會主義國家之間少見軍事衝突的「中越戰爭」。

戰爭僅持續一個多月，中國解放軍攻入越南北部工礦重鎮後，帶走大批物資，就宣布勝利並撤軍。越南則宣布重創中國軍隊，獲得勝利。

中越戰爭的政治意義遠大於戰略意義，藉由這次出兵，中國一方面鞏固了新領導人鄧小平的權威，一方面展現了他們對舊蘇聯領導層的決裂，使中美兩國得以進一步擴大合作，奠定中國「改革開放」的基礎。

越戰時，越共善於利用地道突襲，造成美軍重大傷重。但今日，胡志明市郊外的古芝隧道搖身一變，成為知名觀光景點，導遊還會親自示範越共如何躲進隧道。

5 冷戰後：從各國經濟命運大不同，到東南亞集體命運大翻轉

一九七八年，中國開始經濟改革，改採市場經濟體制，活化內部商業，同時對外開放，設立經濟特區，讓中國走出共產紅色高牆，融入世界經濟，一度成爲美國的貿易好麻吉。一九八六年，越南也推動「革新開放」政策，推動市場經濟，吸引外資進入。

說來諷刺，在戰場上打贏了美國的中越兩個社會主義國家，陸續擁抱市場經濟，並成爲美國好夥伴，而共產國際老大哥蘇聯卻愈來愈站不住腳，一九九一年蘇聯解體，世界兩極對抗的冷戰格局宣告結束。同時，東南亞國家也揭開命運翻轉的序曲。

影響最大的當屬印尼和馬來西亞，少了蘇聯支持，這兩個國家內的共產主義幾乎完全消散。在內部政治相對穩定後，兩國全力推動多元經濟，吸引外資進駐，發揮人口紅利的效益，內需市場與加工出口加速起飛。越南在名義上雖是社會主義國家，但導入外資的速度比其他東南亞國家更快更早，冷戰結束後即吸引大量國際企業設廠，電子、服裝等出口導向製造業飛快成長。

經濟發展相對緩慢的則是菲律賓與柬埔寨，這兩國仍殘留著共產勢力；柬埔寨有「紅色高棉」遺留的問題，菲律賓則有新人民軍的武裝反抗，政治上的不穩

名詞解說

紅色高棉（Khmer Rouge）

起源於一九五一年的高棉人民革命黨，該黨是柬埔寨共產黨的前身。由於紅色高棉長期在地下活動，與北越、寮共以及中共有密切聯繫，該組織曾一度統治柬埔寨，激進推行共產主義。為了肅清異議分子，進行大規模政治清洗，故被稱為「紅色高棉大屠殺」。

冷戰結束後，東南亞命運集體翻轉，製造業突飛猛進。菲律賓雖經歷馬可仕政權的貪污治理，但勞力供給旺盛，仍吸引大量紡織廠進駐，成為今日產業發展的基石。圖為菲律賓安蒂波羅市（Antipolo City）女裁縫師正在製作牛仔褲。

定削弱外資投入的意願，也拖住了經濟成長腳步。寮國在冷戰後幾乎沒有變化，依然由人民革命黨實行社會主義一黨專政，在經濟上則重度依賴中國投資和援助。

泰國和新加坡則是在冷戰時期就投入自由主義陣營，冷戰後隨著周邊國家成長，更進一步活絡了兩國的經濟活動。經濟全面發展讓東南亞加速融入世界貿易體系，此區域的國家也更加體認到自己的地緣優越性——掌握世界最繁忙的航運通路，坐擁豐富自然資源與金融貿易重鎮，且同時和中國、歐洲、美國都有密切關係，在如此背景下，原本鬆散的東協開始有了新的意義。

6 亂流：亞洲金融危機後的顛簸與體質調整

多數東南亞國家在經濟起飛、初嚐資本主義甜美果實的同時，也悄悄將禿鷹帶進家門。許多國家和企業更勇於大量借貸，藉以投資股票和房地產，結果造成國內資產價格過度膨脹、銀行過度放貸。想像一下，你向銀行借了大筆

貸款買入一項商品，而你的客戶也向銀行借款買下你的這些商品，每一次交易，此商品價格都上漲一些，直到銀行借不出錢爲止，這就是泡沫化的過程。

在經濟起飛階段，東南亞國家之間缺乏完善的金融監管制度，也沒有跨國區域合作機制，導致這些經濟泡沫不斷膨脹，引來金融禿鷹關注。

一九九七年夏天，在知名的基金資本家喬治・索羅斯主導下，第一顆泡沫在泰國破裂，股市暴跌、房地產崩盤，緊接著泰銖快速貶值，外資撤退。

這個連鎖效應很快蔓延到周邊國家，印尼、菲律賓、馬來西亞都陷入相同的危機，從國家、銀行到企業，全都背負了大量無法償還的債務，讓國家經濟全面陷入停滯。

在泡沫階段，國際金融禿鷹看準這些國家過度借款的機會，大量放空該國貨幣。缺乏足夠現金和外匯存底支持下，國家只能棄守匯率讓貨幣貶值，最終陷入破產狀態。

在金融危機期間，泰國、印尼與韓國都陷入國家破產狀態，必須由國際貨幣基金進場救援。此時禿鷹再度進場，他們開始低價收購這些還不出錢的企業資產，等到經濟穩定之後再高價售出。

亞洲金融危機後，東南亞國家進一步加強了區域經濟合作，促進金融合作與經濟一體化，提升穩定性，同時也在國際貨幣基金要求下，強化金融監管，避免危機再次發生。

名詞解說

喬治・索羅斯（George Soros）

索羅斯基金管理公司的創辦人，也是知名貨幣、股票投資者。一九九二年索羅斯曾經大舉放空英鎊，釀成英國貨幣危機，並獲取逾十億美元的暴利；一九九七年，索羅斯故技重施，大舉放空泰銖，造成泰國幣值崩跌，引發亞洲金融危機。一九九八年，索羅斯將目標移轉至香港，所幸香港護盤成功，索羅斯的貨幣炒作攻勢一度中止。

東協國家彼此互不干涉內政的「東協默契」，雖讓成員國得以集體邁步向前，但也使得緬甸受迫害的羅興亞難民無人聞問，只能流離失所，到處被驅逐。圖為羅興亞人來到孟加拉邊境納夫河，進退無路。

7 鬆散的東協：「東南亞巴爾幹」化身「東南亞烏托邦」的關鍵

東南亞國家最早的合作機制「東協」（ASEAN），早在一九六七年就成立，成員爲印尼、泰國、菲律賓、新加坡和馬來西亞。初期只是一個鬆散的非正式合作，主要目的是在對抗共產主義擴張，而這也隱約形成了東協與越南、寮國、柬埔寨的雙邊對抗；比起區域合作，反而更像是世界大戰前的巴爾幹半島，隨時可能引爆衝突。

隨著冷戰結束，東南亞迎來經濟起飛與轉型，越南在一九九五年加入東協，象徵對立結束，寮國、緬甸與柬埔寨陸續加入東協，整個東南亞終於有了區域大架構組織。亞洲金融危機爆發後，更強化了東協國家的合作共識——在東協自由貿易區架構下，加深成員國經濟一體化與區域合作，一改冷戰時期緊張對立局面，成爲友好共榮的「東南亞烏托邦」。

二〇〇七年，東協通過《東南亞國家聯盟憲章》，建立東協祕書處，使東協成爲具有法律地位的區域組織。最重要的是確立了互不干涉內政的「東協默契」，無論是政治、外交、

經濟或軍事合作，東協國家之間必須在尊重各自國家主權的前提下進行。在這個前提下，東協國家雖然存在複雜多元的政治、宗教、民族，卻能夠成爲全球較少衝突的區域，更符合「東南亞烏托邦」的美名。

這項默契的效力強大，例如在進行反恐合作，或偵辦跨國犯罪時，東協國家也集中在情報分享，不可逾越警察權分際；當緬甸爆發**羅興亞人難民危機**時，東協國家也選擇支持緬甸政府，而拒絕收留難民，即使同屬伊斯蘭教的印尼、馬來西亞也決定驅逐羅興亞難民。

名詞解說

羅興亞人難民危機

緬甸西南部的穆斯林族群。二〇一〇年緬甸政府與羅興亞人爆發衝突，並加大力度報復，導致羅興亞人在邊境遷徙，二〇一五年正式引爆羅興亞人難民危機，至少有九十六萬人前往孟加拉避難，但東南亞各國基於東協默契，大多不願意接納難民。如果說東南亞國家的外交戰略是「風中之竹」，羅興亞人的處境就像「風中之葉」。

8 「東協經濟共同體」深化合作，卻也存在競爭

東協默契強大，連宗教對立都能克服，也促使區域經濟合作持續進化，二〇一五年成立東協經濟共同體，目的是讓東協成爲單一市場，實現資本、貨物、勞工的自由流動。在這個基礎之上，二〇二〇年，東協與中國、日本、韓國、澳洲**與紐西蘭簽署《區域全面經濟夥伴協定》，進一步確認了東協作爲一個經濟體在世界經濟體系中的地位**。

從世界史角度來看，東協走向類似歐盟的路線，但是東協內部多數爲二戰後獨立新興國家，彼此之間還存在著領土爭議；此時中國又來參一腳，讓南海主

權火熱爭奪愈演愈烈，東協儘管彼此有合作默契，依舊難掩各種暗潮洶湧。

另外，泰國─柬埔寨、馬來西亞─印尼，以及菲律賓─馬來西亞，這三處國境都有領土爭議，不時發生小規模武裝衝突。

在經濟上，印尼與馬來西亞同爲全球主要的棕櫚油出口國，但對於生產、出口的政策卻未能合作，時常引起爭議；新加坡和馬來西亞長久以來則存在供水問題，馬來西亞經常以此爲政治籌碼談判。甚至連台灣人很熟悉的東南亞外籍勞力供給市場，印尼、越南與菲律賓三國之間也存在著競爭。

作爲度假天堂，我們經常可以看到東南亞國家的旅遊廣告，但仔細看就會發現，除了星馬之外，很少有跨國旅遊的行程，具體而微地展示了東協國家之間的經濟較勁現況。

後冷戰時代，東南亞國家快速發展，原本應該充滿火藥味的區域，在錯綜複雜的地緣政治牽制

成員國間的產業競爭，是東協經濟共同體單一市場化的一大挑戰。棕櫚油兼具食用油與生質能源功能，印尼和馬來西亞皆積極發展這項戰略性產業。圖為印尼棕櫚樹苗圃，年輕工人嚴格管控苗木密度和害蟲防治。

以及東協默契下，和平發展了近三十年，然而新的國際格局變動，又再次帶來新的衝擊。

9 東協＋「?」：新世紀，新角力點

當代東南亞，幾股戰略勢力在此交會，讓全球把地緣政治與經濟戰略目光焦點轉移到亞洲。

除了中國宣示「一帶一路」、美日主導「印太戰略」、印度外交轉向後提出「東進政策」，韓國與台灣也積極布局東南亞。

二〇一七年，韓國總統文在寅正式邁出「新南方政策」的第一步，積極整合經濟與文化實力，競逐東南亞地區。在三星、LG、現代等韓國企業領軍下，韓國的「中等強國，全球治理」大戰略穩健發展，高科技產業也在東南亞形成一條龍供應鏈生態系。

但於美中兩極較勁之中，新南方政策到底該基於「美韓同盟」而與印太戰略整合？或是與中國一帶一路對接，融入東南亞的等距外交氛圍之中？兩難抉擇讓韓國處境尷尬。

台灣在蔡英文總統任內展開更廣泛的「新南向政策」，從「經貿合作」、「人才交流」、「資源共享」、「區域鏈結」四大面向著手，與東協、南亞及紐澳等

名詞解說

新南方政策

二〇一九年韓國總統文在寅所推行的東南亞政策，主要是以朝鮮半島整體思考中心，深化與東協合作的「3P共同體概念」，即人民（People）、和平（Peace）與繁榮（Prosperity），從人文社會、安全合作到經濟發展，形成一種戰略三角合作的模式。

東南亞兼具工廠與市場的雙重吸引力，韓國企業布局的腳步從未停過。圖為泰國曼谷攝影展，韓國三星高層主管向泰國電影明星展示 GALAXY 相機。

國建構全新的合作模式，建立「經濟共同體」意識。

東協爲達到區域整合，並平衡各國關係，獲取最大效益，也積極推動各種「東協＋N」的多邊貿易協定，如「東協＋1」、「東協＋3」、「東協＋6」等。（見156頁）

另外，多個更大範圍的多邊貿易協定也密集覆蓋東南亞，如中國主導的「區域全面經濟夥伴協定」、美國主導的「印太經濟架構」、日本主導的「跨太平洋夥伴全面進步協定」等，讓東南亞成爲全球爭相拉攏的對象。

10 東協更加凝聚？十一國參與美國聯合演習

長期以來，美國與東南亞國家保持聯合演習的慣例。美菲之間有「肩並肩」演習；二〇〇七年美國開始與印尼舉辦**「神鷹之盾」**聯合軍事演習，每次爲期兩週，二〇二二年參加演習的國家高達十四國，被稱爲「超級神鷹之盾」演習。

與泰國合作的美泰「金色眼鏡蛇軍事演習」（Cobra

Gold），則在二〇二四年邁入第四十三屆，範圍含括人道救援、災害救援、太空安全、網路安全、醫療行動等，共三十國參與。

中國爲互別苗頭，在二〇二四年也以反恐、反海盜爲主軸，與友好的柬、寮、馬、泰、越等國家舉行多國聯合演習。

值得注意的是，東協並非軍事聯盟，但是卻在二〇二三年舉辦非作戰型的海上聯合演習「二〇二三年東協團結演習」（ASEAN Solidarity Exercise 2023, ASEX 2023）**，由東協全員參與，共十一國軍隊，各國海軍藉此建立互通性的基礎，展現軍事凝聚力，並向大國釋出「東協有能力，而且有意願自行維持東南亞海域安全」的訊息。**

不過，由於東協各國對中國的態度不一，原本演習最初規劃在與南海爭議地帶相鄰的北納土納海舉行，中國對此重申在南海的歷史主權，也不時派出巡邏船在附近警戒，讓柬埔寨與緬甸在一開始時迴避參與規劃會議。

輪值主席國印尼於是將演習地點改到巴淡島與南納土納海域，並強調演習重點在強化人道援助與救災、搜救與海上安全，東協才全員參與（見55頁，東協團結演習圖）。

二〇〇八年東協訂立會歌《東協之路》（The ASEAN Way），歌詞中寫道：「高舉起我們的旗幟，擁抱內心的自豪；當我們放眼世界，我們將團結在一起。」東協團結演習的舉辦，可視爲東協精神的展現。

名詞解說

神鷹之盾 (Garuda Shield)

從二〇〇七年美國開始與印尼舉辦「神鷹之盾」聯合軍事演習，每次為期二週，演習內容包括武器作業的互通、戰地之間的協調、衛星支援、叢林生存，以及城市地形訓練等；二〇二二年參加演習的國家高達十四國，被稱為「超級神鷹之盾」（Super Garuda Shield）演習。

美泰合作「金色眼鏡蛇軍事演習」已成為慣例，參與的國家含括東南亞周邊的星馬印，甚至東北亞的南韓。圖為 2018 年演習，韓國 K11 射擊指揮車登陸離首都曼谷不遠的春武里府海灘。

11 歷史留下的地雷：宗教衝突、恐怖主義、排華浪潮

宗教衝突、恐怖主義、排華浪潮，是東南亞整個區域共同的議題，也是社會揮之不去的隱憂。宗教與民族間的衝突，時有所聞。

菲律賓主要宗教是天主教，南部民答那峨島上信仰伊斯蘭教的莫洛人，自一九六〇年代後期便一直爲尋求自治或獨立，甚至展開武裝鬥爭。經過長期的戰鬥與談判，二〇一九年莫洛人最大武裝派系「莫洛伊斯蘭解放陣線」（Moro Islamic Liberation Front, MILF）才與菲律賓政府達成和平協議，同意將手中的武器交出，將組織轉型爲合法政黨，並建立莫洛國自治區（Bangsamoro），終結長年內戰，但協議穩定性仍有待觀察。

泰國最南端的**泰南三府**是馬來穆斯林區域。從一九三〇年代開始，因居民不滿泰國政府強制同化政策，開始暴力反抗。一九六三年，主張分離主義的「北大年馬來國民革命陣線」成立，衝突持續升級。泰南三府的不靖，也成爲「克拉地峽運河」無法開發的原因之一。

印尼各個島嶼上的族群與宗教十分複雜，分離主義活躍，位於蘇門答臘島最北端的亞齊起事最早，也持續了最久。亞齊人不滿印尼政府的統治，於一九七六

名詞解說

泰南三府

位於泰國國土最南端的馬來半島上，分別為也拉府（Yala）、北大年府（Pattani）與陶公府（Narathiwat）。這裡過去曾是信仰伊斯蘭教的馬來王國「北大年蘇丹國」，一九〇九年英國與泰國透過《英暹邊界條約》將其瓜分。

「莫洛伊斯蘭解放陣線」是菲律賓境內最大的穆斯林分離主義組織，經過長達數十年的爭戰，2012 年才與菲律賓政府簽署停火架構協議。當時吸引許多穆斯林在馬尼拉總統府附近集會關切。

年組織「自由亞齊運動」，試圖通過武裝革命，尋求達成獨立建國的目標。

峇里島爲印尼唯一信仰印度教的島嶼，因多姿文化而成爲歐美觀光客熱愛的旅遊勝地。二〇〇二年，激進組織印尼伊斯蘭祈禱團對歐美遊客聚集的庫塔海灘鬧區發動炸彈恐怖攻擊，震驚全球。雖峇里島加大警覺，但二〇〇五年仍又發生另一連串爆炸案。

戰後東南亞各國多少都曾出現過排華運動，主因是文化隔閡、早年共產勢力疑慮與華人主導資本市場，華人透過政府謀取家族利益，財富因而集中在華人手上，結果造成其他族群隱隱的不安。最有名的例子是，一九九八年五月印尼的「黑色五月暴動」。

當時蘇哈托政府因亞洲金融危機導致的統治危機，企圖轉移國內不滿情緒，刻意將原因歸罪於「華人控制經濟」，結果排華暴力事件失控，據事後統計，約有二千餘名華人在動亂中遭到殺害。

近年隨著中國崛起與中國商人積極擴張，新一波的排華風潮也在隱然醞釀。

12 爲什麼，泰國總能倖免於殖民主義、共產主義肆虐？

在東南亞，只有泰國人可以驕傲地說，他們是唯一從未被殖民過的國家。十六世紀西方列強抵達後，泰國透過富有彈性的外交政策，周旋於強權間。這種隨著時勢擺動的靈活務實外交，被稱爲「風中之竹」或「竹子外交」（Bamboo Diplomacy）。

泰皇拉瑪四世（Rama IV）與拉瑪五世（Rama V）意識到英法兩國對泰國存有覬覦之心，力求實現國家現代化，利用中南半島南北向地緣結構，扮演英法兩強緩衝國角色，讓英法在《關於暹羅王國事務宣言》中，誓言共同保證泰國的獨立地位。

二戰期間，泰國政府在日軍於東南亞大肆擴張時，通過加入德義日的「軸心國」，確保自身安全。當日軍開始敗退時，泰國政府又暗中與英美主導的「同盟國」接觸，免於在戰後遭到懲罰。

戰後，泰國積極與美國同盟，採取堅定反共立場，成爲美國在東南亞防共政策的核心國家，這使得泰國在中南半島赤禍橫行之際，得到美國源源不絕的軍事與經濟援助，挺過來自共產主義的威脅。

名詞解說

竹子外交
(Bamboo Diplomacy)

泰國作為一個中南半島上的中等國家，缺乏主宰時勢的能力，故採取迎合時勢的靈活外交策略，這種充滿韌性又因勢而動，不會輕易折斷的外交策略被喻為「隨風搖曳的竹子」或「風下之竹」。

一九七〇年代中期，美國從越南撤軍，泰國旋即又改變態度，要求美軍也退出泰國，並退出東南亞公約組織，然後轉而積極與中國、蘇聯等共產國家交好，藉以化解共產鄰國的軍事威脅。

蘇聯解體後，泰國政府仍持續採取竹子外交，避免在大國競爭中選邊站隊。儘管泰國一直是美國的盟友，近年卻與中國越走越近。

二〇一四年，帕拉育（Prayut Chan-o-cha）上將發動軍事政變，推翻民選政府，泰國受到國際制裁，此時，中國提出「一帶一路」倡議，讓積極尋求外國投資的泰國政府趨之若鶩。

因此，泰國政府立場越發親中，就連俄羅斯入侵烏克蘭的議題在國際上發酵時，泰國外交部長董恩（Don Pramudwinai）還公開表示，泰國沒有必要「急於發揮作用」，而拒絕譴責俄羅斯。

13 展望未來：那些新中等強國們

在強權之外，近年國際間流行「中等強國」（Middle Power）的概念，主要是指非超級強權，但卻善用地緣優勢，支持多邊主義和外交斡旋，把自己經營成區域最強，進而達到全球治理的目標。其中，韓國、澳洲、以色列就是中等強國的模範生。

泰國是東南亞唯一未被殖民過的國家，堅韌搖擺的外交性格幾乎已經內建在政治人物的基因裡，即使在政變掌權的泰國總理帕拉育執政期間，也把「風中之竹」發揮得淋漓盡致。

在東南亞，同樣有幾個具備中等強國潛力的國家，包括印尼、馬來西亞、菲律賓、新加坡、泰國、越南等。

東南亞人口總數超過六億，除了泰國青壯年人口進入負成長外，其餘各國青壯年勞動人口眾多，帶來可觀人口紅利與消費力道。

加上教育普及、新創浪潮崛起、城市規模化、中產階級增加、基礎建設提升，整個東南亞充滿活潑的可能性。（見173頁）

在全球供應鏈重組之際，東南亞已成為全球第三大投資目的地，也是國際企業撤離中國避險的好去處之一。東南亞各國為了吸引高附加價值的工業投資，也紛紛祭出政策利多，如泰國的「東部經濟走廊」、馬來西亞的「工業4.0」與「數位馬來西亞」等。

其中，印尼和越南的GDP成長率維持在五％以上，領土幅員廣大與自然資源豐富，更是外資企業最喜歡的新落腳處。

印尼總統佐科威雖已屆滿下台，但他奠下印尼經濟發展基礎，且任內適逢東南亞國際地位暴漲， 讓外界把印尼視為新興中等強國。

東南亞地緣政治戰略史一覽

（西元年）

時間	事件
1619	**荷蘭東印度公司占領印尼** 荷蘭東印度公司印度總督庫恩攻克雅加達，將之更名為巴達維亞，並以此為東亞總部，成為荷蘭殖民東南亞的基地。
1885	**越南成為法國保護國** 在清帝國支援藩屬越南抗法的中法戰爭戰敗後。越南與法國簽訂《第二次順化條約》，成為法國保護國。
1898	**美國獲得菲律賓控制權** 美國與西班牙因古巴革命爆發「美西戰爭」，戰爭結束後雙方簽署《巴黎條約》，美國獲得菲律賓控制權，自此美國開始涉足東亞事務。
1945	**越南獨立** 第二次世界大戰結束後，國際間掀起民族國家建國浪潮，胡志明所領導的越南共產黨趁勢在河內發布《獨立宣言》，但法國試圖恢復殖民統治，因此爆發「第一次印度支那戰爭」。直到一九五四年法國才承認越南主權地位。
1948	**緬甸獨立** 緬甸發表《獨立宣言》，正式獨立建國。為了達到這個願望，前一年翁山（Aung San）等人前往倫敦，與英國政府議定《倫敦協議》，確定獨立進程，隨後緬甸完成制憲，並與英國簽署《緬甸獨立條約》。
1949	**印尼獨立** 一九四五年印尼獨立運動領導人蘇卡諾（Sukarno）與哈達（Mohammad Hatta）在雅加達宣布獨立，隨即與荷蘭展開長達四年的獨立戰爭。最終荷蘭在美國的施壓下，與印尼達成協議，同意印尼獨立。
1954	**日內瓦會議** 第一次印度支那戰爭結束後，在瑞士召開多國參與的「日內瓦會議」，會中決議法國自中南半島撤軍，承認寮國、柬埔寨、越南獨立建國。

1963	**馬來西亞成立** 馬來西亞經歷兩次國家整合，先是在一九五七年由馬來屬邦、馬來聯邦、檳城與麻六甲共組「馬來亞聯合邦」，一九六三年再與新加坡、沙巴和砂拉越共組「馬來西亞」。
1964	**東京灣事件** 日內瓦會議結束後，南北越衝突不斷，由於北越和美國在東京灣海上爆發武裝衝突，美國以北越襲擊美軍艦艇為由，全面參與越戰。
1965	**新加坡獨立** 新加坡州發生牽涉到華人社群和馬來人社群的大型種族騷亂，李光耀直指馬來西亞聯邦政府歧視新加坡及非馬來公民。馬來西亞國會緊急修憲將新加坡州逐出馬來西亞聯邦，新加坡因此「被迫獨立」。
1967	**東南亞國家協會成立** 泰國、馬來西亞、新加坡、菲律賓、印尼五國外長在曼谷舉行會議，發表《東協宣言》，成立「東南亞國家協會」。
1973	**《巴黎和平協約》簽署** 美國決定自南越撤軍，兩年後北越攻陷南越首都西貢（現為胡志明市），越共成立越南南方共和國接管政權，一年後與北越統一。
1975	**印尼入侵東帝汶** 二戰後，東帝汶回歸葡萄牙，一九七四年葡萄牙爆發康乃馨革命，東帝汶開始去殖民化，由於過程紛擾，印尼趁機發動軍事入侵，吞併東帝汶。
1977	**中越戰爭** 由於越南進攻柬埔寨，推翻紅色高棉政權，中國以越南挑起邊界事端為由，對越南實行懲罰，造成為期一個月的「中越戰爭」。
1984	**汶萊獨立** 二戰後，汶萊面臨加入馬來西亞、併入大印尼、宣布獨立等多種選項。最後，汶萊蘇丹因權力受限、石油利益分配等問題，拒絕加入馬來西亞。直到一九八四年，汶萊才與英國協商獨立。
1988	**中越赤瓜礁海戰** 由於中國在南海積極擴大建設，與越南發生「赤瓜礁海戰」，中國獲得多座島礁控制權。

1997	**亞洲金融危機** 亞太地區在經歷快速經濟增長後，熱錢湧入，導致資產泡沫化，引來國際投機客索羅斯與對沖基金襲擊，隨後泰國、印尼、南韓受創最重，國家瀕臨破產。
1998	**黑色五月暴動** 又稱「排華騷亂」，導致印尼超過二千二百多人死亡、至少一百六十多起強暴事件、超過四千家商店被毀。事件主因是印尼當局為轉移人民對亞洲金融危機的不滿，影射經濟重創是華人控制經濟所致，此舉牽動印尼人「排華情緒」，華人成為無辜的受害者。
1999	**中菲黃岩島衝突** 中國與菲律賓爆發第一次黃岩島衝突，中國漁民被擊落海，成為菲律賓制定《領海基線法》，將南沙群島列為版圖的起因。
2002	**東帝汶獨立** 東帝汶遭印尼併吞後，武裝抗爭不斷。一九九九年，在聯合國監督下，東帝汶舉行公民投票，超過四分之三東帝汶人支持獨立，但印尼暗中支持之反獨立派發動武裝暴動，聯合國派遣以澳洲為首之維和部隊弭平戰亂，協助東帝汶正式獨立。
2002	**峇里島恐怖攻擊事件** 東南亞極端暴力組織「伊斯蘭祈禱團」在印尼的旅遊勝地峇里島庫塔海灘，發動自殺式炸彈及汽車炸彈恐怖攻擊，造成二百多人死亡、二百多人人受傷，震驚國際社會。
2004	**南亞大海嘯** 二〇〇四年十二月二十六日蘇門答臘島亞齊省西岸發生地震規模九．三地震，引發浪高五十一公尺的海嘯，導致東南亞各國遭受重創。因災後重建，印尼政府和亞齊分離主義人士在芬蘭議和，結束當地近三十年的流血衝突。
2006	**泰國紅衫軍示威** 泰國總理塔信被指控涉及不法，軍方突然發動政變，迫使塔信流亡海外，塔信支持者多次發動身著紅衫上街頭的示威活動，並與反對派黃衫軍對峙，泰國政局動盪。
2010	**中南半島經濟走廊政策啟動** 中國政府提出興建現代化鐵、公路和管道，連接中國華南地區與東南亞各主要城市，並鼓勵東協—中國自由貿易區的發展。後來中國把這項政策納入「一帶一路」戰略。

2012	**中菲第二次黃岩島衝突**	中國與菲律賓爆發第二次黃岩島衝突，雙方軍艦對峙，中國最終實質掌控相關海域，引起菲律賓和其他東協國家不滿。
2013	**菲律賓攻擊台灣漁船事件**	台灣漁船廣大興廿八號於巴士海峽遭菲律賓海巡署開槍攻擊，引發台菲兩國外交緊張。
2014	**美軍重駐菲律賓**	中國加強在南海建設引發衝突，美國重新駐軍菲律賓，象徵菲律賓在美中之間最終還是重新靠攏美國。
2019	**印尼加入「一帶一路」**	中國投資興建明古魯燃煤電廠，作為「一帶一路」倡議對接印尼「全球海洋支點」戰略的實踐，借此深化中國與印尼的合作與友好交流。
2020	**「區域全面經濟夥伴協定」簽署**	東協十國發起「區域全面經濟夥伴協定」，並邀請中國、日本、韓國、澳洲、紐西蘭等國參加，意圖透過削減關稅及非關稅壁壘，建立統一市場的自由貿易協定。
2021	**緬甸政變**	緬甸國防軍總司令敏昂萊發動軍事政變，推翻民選政府，由軍政府掌權，引發緬甸國民示威，緬甸軍警武力鎮壓，內戰爆發。
2022	**東協接受東帝汶加入**	東協高峰會議在柬埔寨首都金邊市舉行，輪值主席國柬埔寨宣布，東協各會員國原則性同意接受東帝汶成為東協第十一個成員國。
2023	**中菲南海衝突升溫**	菲律賓總統小馬克仕上任後，改變前任總統杜特蒂「遠美親中」立場，對南海主權爭議改採強硬態度，中菲在南海的爭端事件頻繁發生。美菲進一步加強軍事合作關係，以應對中國在南海日益增長的威脅。
2024	**中菲仁愛礁衝突**	中國先是以海警人員衝撞菲律賓補給仁愛礁坐灘軍艦的船隻，持斧刀登船，再以輿論攻勢，發布生態調查報告，聲稱菲律賓坐灘仁愛礁船隻破壞當地生態，南海化身地緣火藥庫。

製表／楊文里

3 全解東南亞密碼

東南亞得以成為各方矚目的焦點，全因三種獨特的密碼。

第一種密碼是自然地理條件。東南亞因半島狹長、島嶼破碎、海峽特別多，造就諸多航運與軍事上的咽喉點，影響全球政經大局。

第二種密碼是迥異的東南亞各國懷抱存異求同信念，試圖打造具向心力的東協，讓區域一體化成為可期。

第三種密碼是各國在領土爭議上雖互不相讓，但卻能秉持克制，避免直接衝突，尋找折衝的共榮之道。

詳解這幾種關鍵密碼，就能了解東南亞複雜的內在特質，發現東南亞成為今日兵家必爭之地的根本原因。

土地面積 (km2)	政治制度	主要產業	核武	教育水準 PISA 排名	數位競爭力排名
51.3 萬	君主立憲議會制	汽車製造、農業、旅遊	無	64	35
30 萬	總統民選	電子組裝、商業外包	無	76	59
33 萬	聯邦議會民主制	石油、橡膠、旅遊	無	60	33
67.6 萬	聯邦議會制	農業、森林、寶石	無	-	-
18.1 萬	一黨君主立憲制	農業、成衣	無	81	-
734	專制議會	貿易、金融	無	1	3
33.1 萬	共產黨專制	食品、成衣	無	34	-
190 萬	總統民選	石化、紡織	無	71	45
23.6 萬	社會主義專政	農業、電力	無	-	-
5,765	伊斯蘭君主專制	石油、天然氣	無	44	-
37.7 萬	君主立憲內閣制	製造、金融、服務	無	3	32
983 萬	聯邦總統民選	金融、製造、專業服務	有	9	1
959 萬	共產黨專制	製造、礦產、食品加工	有	1（2018）	19
3.61 萬	總統民選	電子、通訊	無	5	9
328 萬	內閣總理制	紡織、化工、軟體	有	-	49
1,708 萬	聯邦半總統制	能源、航太、製造	有	31（2018）	42（2021）
769 萬	君主立憲議會制	礦產、工業運輸設備	無	12	16

註：人口、GDP、國防預算、潛艦數量與軍隊數量皆為 2022 至 2024 資料，來源參考各國政府網站。教育水準為 PISA 2022 閱讀能力分數。數位競爭力為洛桑管理學院 2023 年報告。（製表：柯筆辰）

關鍵數字 東南亞地緣全檔案

	人口	GDP (USD)	國防預算 (USD)	潛艦數量	美軍人數
泰國	7,180 萬	5,220 億	57 億	1	111
菲律賓	1.1 億	4,400 億	42 億	0	310
馬來西亞	3,422 萬	4,470 億	40 億	2	0
緬甸	5,753 萬	692.6 億	20 億	2	0
柬埔寨	1,737 萬	280 億	6 億	0	0
新加坡	563 萬	4,973 億	13 億	5	229
越南	9,946 萬	4,490 億	63 億	6	0
印尼	2.7 億	1.4 兆	88 億	4	0
寮國	775 萬	173 億	0.2 億	0	0
汶萊	45 萬	355 億	4.4 億	0	0
日本	1.2 億	4.2 兆	514 億	22	5.3 萬
美國	3.3 億	26 兆	8,420 億	71	135 萬
中國	14.1 億	18 兆	2,240 億	59	0
台灣	2,389 萬	7,900 億	190 億	4	40
印度	14.4 億	3.8 兆	738 億	18	0
俄羅斯	1.47 億	2.2 兆	1,020 億	64	0
澳洲	2,649 萬	1.7 兆	290 億	6	732

天然地理密碼
陸與洋的交會　地緣與能源潛力十足

東南亞分為「大陸東南亞」和「海洋東南亞」。為什麼地球板塊會在此處形成半島和島鏈兩種主要地形？多元的地理條件，成就了哪些潛力資源？

文／巫仰叡（「巫師地理」粉專社群版主）

自然地理：地質、地貌、氣候、海洋

Q1 為什麼東南亞會形成半島和島鏈兩種地形？和地球板塊的構造有關嗎？

亞洲的東南側，地球板塊擠壓，造就了罕見的半島與島鏈地形。歐亞大陸南面，印澳板塊擠壓歐亞板塊，造就了橫斷山脈，從陸地往外突出，介於太平洋、印度洋與南海之間，即是「中南半島」。

中國雲南的橫斷山脈，在板塊擠壓下形成明顯的縱向褶曲，往南延伸至中南半島，山高谷深，造就了河流沿著縱谷由北往南流動。除了泰國的昭披耶河之外，其他的河流源頭，如緬甸的伊洛瓦底江及薩爾溫江、越南的紅河、流經中南半島各國的湄公河等，都來自於中國境內。

中南半島外圍的海洋地帶，因部分陸地受到海平面上升的**沉水作用**影響，形成

名詞解說

沉水作用（Submergence）

德國地理學家華倫亭（Hartmut Valentin）將世界上的海岸分為八種類型，其中「陸地相對下降」或「海水相對上升」的類型，被稱為沉水作用。例如，台灣東北部的谷灣式海岸就是沉水作用所造就。

科氏力

十九世紀法國科學家科里奧利所提出，他發現物體在旋轉運動的過程中會產生偏移現象，這個偏移力量屬於一種慣性力，科氏力比較常用來解釋因為地球自轉所產生的偏向力，這個偏向力也主導地球表面上高壓區以及低壓區的空氣流向。

「大陸島」，造就了婆羅洲島、蘇拉威西島等島嶼。另外，西側的菲律賓海板塊因較歐亞板塊重，故隱沒至歐亞板塊下方，形成弧狀排列的火山地形，造就了菲律賓群島的呂宋島、民答那峨島等東亞島弧。在整個東南亞如拼圖般爲數衆多大陸島和弧狀島群，被統稱爲「南洋群島」。

Q2 爲什麼南洋群島的火山和海峽特別多？克拉地峽有打通的可能嗎？

因板塊相互擠壓，南洋群島的火山運動活躍，地殼內蘊藏豐富的岩漿庫，單單印尼境內就有超過百座的活火山，特別是蘇門答臘及爪哇這兩座島嶼。

因半島狹長、島嶼破碎，東南亞的海峽也特別多，若海峽通道狹窄，就成爲航運與軍事上的重要咽喉點。例如，雅加達附近的巽他海峽，最窄的距離不到三十公里。馬來西亞與印尼之間的麻六甲海峽，最窄處甚至不到三公里。

南洋群島部分島嶼受到海平面上升的沉水作用影響形成「大陸島」，印尼東部的蘇拉威西島即為一例，蘇拉威西島北邊的布納肯島，擁有深達 25 至 50 公尺的珊瑚礁壁，被譽為世界上最好的潛水景點。

特別値得留意的是，中南半島往南延伸出的馬來半島在泰國境內有一處狹長型的陸地，稱爲「克拉地峽」，類似中美洲巴拿馬運河所在地點，若開通運河，可連通安達曼海（緬甸海）及暹羅灣（泰國灣），不必再往南繞道麻六甲海峽，國際商輪可節省約一千公里航程，與泰國友好的中國也可藉此突破「麻六甲困境」。惟克拉地峽開通的資金與工程浩大，且將牽動地緣政治走勢，泰國遲未決定開通。

Q3 東南亞具有什麼氣候和生態特質？

東南亞地處低緯度，印尼、新加坡、馬來西亞、東帝汶等國家更位於赤道附近。赤道是地球接收日照能量明顯的區域，年溫差相當小，全年高溫多雨，擁有豐沛降雨量。因爲熱對流旺盛，經常有午後雷陣雨發生。赤道低壓帶擁有非常豐富的動植物生態，例如，婆羅洲島擁有廣大熱帶雨林，樹木高度可達到四十公尺，雨林中有紅毛猩猩、長臂猿、犀鳥、大王花等，非常具有特色。

另外，中南半島及菲律賓，因位於歐亞大陸及太平洋、印度洋的交界處，大範圍海陸性質的差異，造就夏冬兩季的高低氣壓位置改變，形成季風氣候。夏季時，海面形成高壓，陸地相對低壓，季風從海面吹拂至陸地的風向，加上地球自轉的**科氏力**影響（北半球偏右），因此這裡夏季風向爲西南風。反之，冬季季風從陸地吹向海面，形成東北風。

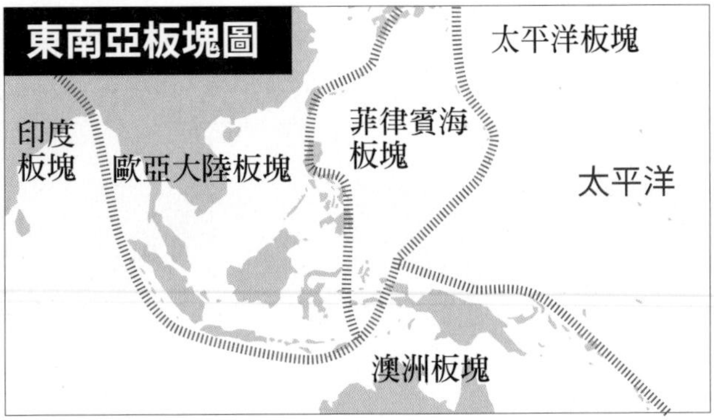

印尼爪哇島上卡瓦伊真火山上的火口湖，氤氳一片，遠看像是港灣沿岸，是地表上罕見的景致。

婆羅洲地處赤道，擁有豐富熱帶雨林生態，深具特色的大王花，花徑可超過 1 公尺，重達 7 公斤，是世界最大的花種。

人文地理：社會、文化、經濟、產業

Q4 東南亞蘊含哪些天然資源？商業價值如何？

東南亞有兩種獨特的自然資源，一種位於經濟海域，一種位於陸地。

以南海為中心的經濟海域，海洋岩床蘊藏油氣，是地質高溫高壓所累積出來的化石燃料。中華民國經濟部統計，南海保守估計約蘊含八十億桶石油儲量；若按中國官方推估，石油儲量則高達二千億桶。如此可觀的經濟利益，也讓周邊國家在海域主權的聲索上互不相讓，南海也成為地域衝突熱點。

陸上的水資源衝突，則聚焦在中南半島。湄公河的上游為位於中國雲南的瀾滄江，中國近年興築多座水庫及發電站，加上寮國也做了類似的水利工程，使得湄公河下游段的越南、柬埔寨，面臨流量驟降、乾枯的窘境。

湄公河是稻米種植的灌溉水源，許多國家運用地形，發展出梯田，生產龐大糧食，讓中南半島糧食充足。因為殖民歷史，這裡也種植咖啡、油棕及榴槤等熱帶經濟作物。

Q5 東南亞的水系如何分布？有什麼種族特色？

由於中南半島主要是縱谷，河流呈現南北向，彼此接近平行排列，由東至西分別是紅河、湄公河、昭披耶河、薩爾溫江、伊洛瓦底江。其中，又以**他念他翁**

名詞解說

他念他翁山

屬於中國怒山山脈的北段，山勢呈南北走向，分隔出太平洋水系和印度洋水系，該山脈一直延伸到緬泰邊境。

榴槤是東南亞特有的熱帶水果，氣味獨特，觀光客總喜歡特地到市場嘗鮮。泰國市場內販售榴槤的攤位，剖開的果肉顏色新鮮誘人。

山分隔出太平洋水系和印度洋水系。因爲地形的阻隔，讓中南半島寮、越、柬、泰、緬五國各自有獨特的族群，也多少和中國雲南少數民族存在文化上的連結。

另外，島嶼衆多的印尼，從西側的蘇門答臘，到東側的新幾內亞，超過五千公里，各個島嶼發展出不同的原住民部落，又因海洋阻擋交通，印尼也成爲擁有衆多方言的國家，這讓族群團結成爲一大考驗。

Q6 東南亞的經濟產業特色是什麼？

對比「亞洲四小龍」，東南亞也曾在一九九〇年代出現經濟表現突出的「亞洲四小虎」，包括馬來西亞、菲律賓、泰國和印尼；二〇〇〇年後再增加越南，成爲「亞洲五小虎」。這五個國家擁有大量青壯年人口，成爲發展製造業的堅強基石。亞洲五小虎的汽車、電子、家電代工等製造表現亮眼。

另外，東南亞經濟表現最耀眼的當屬新加坡。她憑藉麻六甲海峽的轉口貿易，在石化提煉、金融服務、觀光產業上扮演重要樞紐。隨著中美貿易戰升溫，國際企業爲了分散地緣政治風險，供應鏈大舉從中國出走，使得東南亞成爲當前投資熱門地點。

2

風情萬種東南亞
多采多姿的自然生活圈

1. 南洋群島介於歐亞大陸板塊與印澳版塊的隱沒帶之間，境內多火山，且曾發生過大規模火山噴發事件。圖為印尼爪哇的塞梅魯火山正在噴發。
2. 東南亞海洋資源豐富，也帶動觀光業發展，馬來西亞仙本那海岸附近的敦薩卡蘭海洋公園，由許多熱帶島嶼組成，遊客喜歡來這裡觀賞島上迷人風景，兼享受度假氣氛。
3. 中南半島多縱向山脈，連帶耕地也多開闢成梯田，居民因地制宜從事農耕，已有千百年歷史。越南西北部山區的稻米梯田即為其中之一。
4. 東方冠斑犀鳥是東南亞瀕臨絕種的動物之一，鳥喙上有巨大的盔突，外型奇特。
5. 婆羅洲猩猩生活在婆羅洲低地及熱帶雨林中，生活棲地正遭受威脅，當地政府為此特別設置猩猩復育區。

3

4

5

1

東南亞的自我地緣觀密碼

東南亞眼中的東南亞 東協守望相助

東南亞各國追求區域一體化，希望藉由東協，造就如歐盟般具向心力的國際大格局。但各國政治與經濟落差大，東協只能低制度化，做到互不干涉，凡事共識，結果讓東南亞距離理想中的自己遙遙無期。

文／湯智貿（東吳大學政治學系助理教授）

東南亞自我定位一
東協，二戰後開始的區域自我認同追求

二戰結束後，東南亞國家就試圖自己建立區域合作組織，例如東南亞聯盟（ASA，一九六一年成立）、馬菲印聯盟（Maphilindo，一九六三年成立），或與美國等區域外國家合作建立區域安全組織，例如東南亞公約組織（SEATO，一九五四年成立）。

不過，這些組織之後都沒有成功地持續運作。直至一九六七年，**印尼、馬來西亞、菲律賓、新加坡和泰國的外交部長齊聚曼谷，簽署了《東協宣言》**（ASEAN Declaration）**，成立東南亞國家協會，東南亞正式有了一個以地區國家爲主體且延續至今的區域國際組織。**

之後，汶萊於一九八四年獨立後加入東協。越南、寮國、緬甸和柬埔寨也於冷戰結束後陸續加入東協。這五國的加入讓東協涵蓋了整個東南亞。東帝汶獨立

名詞解說

《東協宣言》(ASEAN Declaration)

東南亞國協由泰國、馬來西亞、新加坡、菲律賓以及印尼五個創始國，於一九六七年八月六日在泰國曼谷所簽署的聯合聲明，該聲明以平等與合作精神促進東南亞經濟成長、社會進步和文化發展，各國能在教育、職業和技術方面相互支援，並且與國際組織保持緊密合作。

後也於二〇〇六年提出申請加入東協。

成立東協的主要目的在建立成員國間政治和經濟的聯繫，減緩彼此間的緊張，以穩定彼此的關係，形塑有利於經濟發展的環境，藉此削弱在地共產運動的擴張，促進東協內部的安全，以減少外國勢力對區域的影響。

雖然東協的目標明確，東協的第一個十年，更多時候是作爲成員國的正式與非正式溝通交流的平台，沒有具體的成果。各成員國主要還是專注於自己國內的政經秩序與建設，和自己與域外國家的關係。**換言之，東協合作的象徵意義大於實質成果。**

直至一九七六年，越戰結束後，東協於是在印尼峇里島舉行首屆東協高峰會，會中簽署了《東南亞友好合作條約》（Treaty of Amity and Cooperation in Southeast Asia, TAC），再次確立東協的宗旨和原則。東協成員國期望藉由這次會議凝聚東協向心力，透過合作建立國家韌性，對外表態集體自主以應對美國收縮戰線下的東南亞地區安全情勢。

東協會旗藍底紅圈，中間有一束象徵東協國家的黃色稻草。稻草往內收束，代表東協的團結性。泰國雷府鬼面節時，由表演者舉著東協會旗遊行，嘉年華氣息濃郁，繽紛中充滿和諧的一致性。

東南亞自我定位二

六大行為準則，互不干涉的「東協模式」

由於東協成員國的政治制度、社會文化和發展水準差異甚大，彼此間政治與安全利益不易整合，《東南亞友好合作條約》提出的六項行為準則，尊重和保護成員國的獨立自主，讓各方在非敵對的環境下進行各層次的討論，建立的交情與信任，逐步化解彼此間利益衝突，形成共識和增進成員國之間的向心力，推動東協合作。同時，也維持讓當時尚未加入的地區國家於未來可以自在加入的環境，保留東協未來擴大發展的可能性。

這六項行為準則包括：

- 尊重彼此的獨立、主權、平等、領土完整性以及國家認同
- 擁有免於外來干涉、顛覆或併吞的權利
- 不得干涉其他國家內政
- 放棄威脅或動武的手段
- 和平方式解決歧見與爭端
- 彼此間有效合作

在「合作」、「友好」和「不干涉」原則下，東協逐漸形成「非正式」及「協

名詞解說

東協模式

創立於一九六七年的東南亞國協，之所以能夠化解成員國間的分歧，歸因於東協善用「非正式」、「包容」、「共識」、「協商」以及「不干預內政」等原則的運作模式，以促進東協組織內部的有效運作。

調一致」的決策過程，被稱爲「東協模式」。

不過，東協的發展也因本身的運作模式長期處於低制度化的狀態，故而遠遠落後其視爲目標的歐盟。

東協模式的產生反映了東協與歐盟在發展環境與方式的差異。歐盟始於共享相似政經環境基礎的西歐國家，認同讓渡主權以建構由自由民主政治與經濟價值爲基礎的安全共同體，尋求歐洲和平。

相對地，東協始於國家政治、經濟、文化差異甚大、重視獨立自主的新興國家。尊重差異、避開需要干涉各國的內部事務發展的一致性與制度化來建立信任成爲推動東協成員國間合作的必要路徑。**東協成員國也一直瞭解不干涉原則是拖滯東協整合進程的主因。**

東南亞自我定位三
歐盟模式是目標，確立東協國際法人地位

爲進一步深化整合，東協於二〇〇三年決議建立「**東協共同體**」（ASEAN Community），其中包括「東協政治安全共同體」（ASEAN Political-Security Community,

諾貝爾和平獎得主翁山蘇姬數度遭緬甸軍政府軟禁、拘留、判刑，東協成員國始終無能為力。東協這種強調成員國不干涉的原則，雖能存異求同，但也成為整合的阻力。圖為印尼爪哇民眾上街聲援，要求緬甸軍方釋放翁山蘇姬。

APSC）、「東協經濟共同體」（ASEAN Economic Community, AEC）與「東協社會文化共同體」（ASEAN Socio-Cultural Community, ASCC）。

東協政治安全共同體，目的在於以法律規章和共享的價值規範爲基礎，提升東協各國政治與安全上的合作層級，建立以規則和人民爲本的共同體，維繫區域和平，並與全球共處於民主、和諧、公平的環境之中。

東協經濟共同體，目標是要創造一個繁榮、有競爭力的自由平等經濟發展區域，最終達成東協經濟整合。

東協社會文化共同體，旨在以「和諧」與「人本」爲基礎，孕育人力、文化與自然等資源，推動永續發展。

隨後，東協於二〇〇五年決議推動制定憲章。二〇〇八年《東協憲章》（ASEAN Charter）正式生效，東協從此具有國際法人地位，爲建立東協共同體提供正式的制度基礎。宣示建立共同體和通過憲章反映歐盟模式依舊是東協的目標。

對於東協成員國而言，經濟發展是國內政治社會安定的基礎，經濟合作除了協助提升經濟成長，也是較容易達成共識的合作層次。一九九二年建立的東協自由貿易區便是成員國經濟合作的重要里程碑，也爲邁向經濟共同體奠定基礎。因此，東協經濟共同體的進展較爲顯著。

不過，穩健地推進東南亞區域整合，達到東協共同體的目標，不是東協一廂

名詞解說

東協共同體（ASEAN Community）

東協成立後，各成員國為了實現東協一體化，於二〇一五年在馬來西亞召開第二十七屆東協會議內由東協十國決議建立「東協共同體」，逐步落實達成東協共同體的各項經濟目標，迄今東協共同體已取得關稅減讓、貿易便利、自由投資以及區域合作等成果。

情願，閉門造車就可以達成。東協成員國深知，內部的政策協調一致，外來資本與技術和外部安全環境穩定，是讓自己可以自主手握東南亞區域整合的方向盤，將東南亞駛向區域一體化的要素。

東南亞自我定位四
欲成「亞洲的歐盟」，但共識決是障礙

東協企圖透過多邊機制與大國建立政治、經濟與安全關係，除了穩定外來資本與技術持續進入東南亞，透過多層面的關係連結，平衡大國在東南亞地緣政治經濟的競逐，穩定外部安全環境，同時借力使力，減少雙邊關係中因國力不對稱而生的互動劣勢，避免大國透過東協內部的政策協調破口減少東協的自主性與向心力。

例如，東協區域論壇、東協＋1、東協＋3、東協＋6、東亞峰會與區域全面經濟夥伴協定等都是東協為維持其在東南亞區域事務議程自主的主導地位而與周邊國家建立的多邊機制。同時，東協邀請東南亞地

東協國家發展懸殊大，但各國都有機會輪值主席國。2022 年柬埔寨金邊輪值舉辦東協峰會，特別在街頭豎立彩色牌坊，有如國家慶典。

區以外的國家加入《東南亞友好合作條約》，提升東協的國際地位和區域認同。

雖然東協成員國間極力協調彼此的差異，不斷提出整合議程目標，維持一致的政策態度，共識決、不干預原則依舊困擾東協一體化進程，尤其是在政治與安全面向。

例如，在二〇一二年於柬埔寨金邊所舉行的東協外長會議，擔任輪值主席的柬埔寨反對東協就南海問題的表態，因而導致該次外長會議無法簽署聯合宣言，成爲東協首度未能具體提出共識的外長會議，被視爲是東協整合的重大挫敗。二〇一六年東協外長會議上演同樣的劇本，會後共同聲明一度難產。

在二〇二一年緬甸發生軍事政變後，緬甸軍政府爲了穩固政權並沒有採行東協的和平倡議，持續暴力鎮壓，導致緬甸人民流離失所。

近年來，美國與中國之間地緣政治競爭日益激烈，兩國冷戰態勢明顯，雙方勢力強力介入印太安全與經濟事務之際，東協極力維持的協調中心的地位受到威脅，東協成員國選邊的壓力上升，進而增加損害東協的自主性與向心力的風險，爲東協邁向如歐盟般的共同體目標帶來不可忽視的深層挑戰。

總的來說，東協已經成爲東南亞區域裡最重要的國際組織，在促進區域和平與穩定，推動經濟發展，以及應對全球性挑戰方面發揮著重要作用。**雖然東協整合持續前進，東協成爲「亞洲的歐盟」並非不可期待的口號，但在沒有改變東協模式，且面臨著各種內外嚴峻挑戰下，達成東協共同體的目標將是漫漫長路。**

名詞解說

東協外長會議 (ASEAN Foreign Ministers' Meeting)

由東協各成員國外交部長所組成，每年依各個成員國國名的英文字母排序，輪流在各成員國首都召開會議，負責處理東協內部各委員會的決議及相關事務，並在東協峰會期間提出報告。

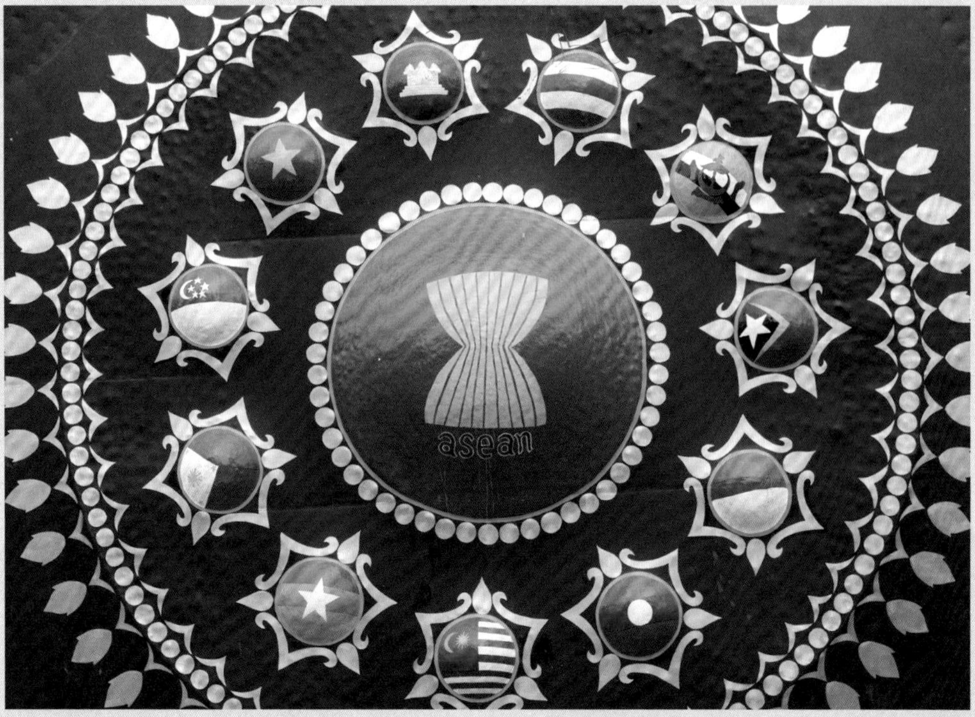

東協鑼響，東南亞大社群齊步走

2022 年，東協在柬埔寨金邊舉行第 41 屆東協峰會，宣布接受東帝汶成為東協第 11 個成員國，並將東帝汶國旗放上鑲有東協徽章的「東協鑼」右邊，待入會程序完成，鑼聲敲響，東南亞 11 國全數入列向前。

2002 年，東帝汶宣告獨立，成為東南亞最新的國家；2011 年正式申請加入東協，歷經 11 年談判，東協原則上同意接納東帝汶，並授予觀察員地位，參與各種東協會議。東帝汶總統霍塔與總理魯安克是重要幕後推手，霍塔將這項外交政策列為國家優先工作。為了迎接新成員，金邊東協高峰會也通過「東帝汶成為東協正式會員路徑圖」決議，規定東帝汶加入東協前必須經歷幾個階段性手續，像是涉及關稅、法律以及政府體制等相關協議。各國也積極協助東帝汶，例如，印尼邀請東帝汶官員觀摩學習，新加坡大力培訓東帝汶官員。

至此，「東協」與「東南亞」終於完全劃上等號。

東南亞域內地緣政治

中南半島與南洋群島 綜覽圖解

東南亞地緣政治可區分為「中南半島」和「南洋群島」兩大部分，且各自具備大陸與海洋地緣特質。

文／楊文里

中南半島
五國競合，亦敵亦友

從古至今，中南半島充斥著民族糾紛及領土爭端，素有「亞洲火藥庫」之稱，二戰之後烽火不斷。地理特色是山脈南北向，越南、寮國、柬埔寨、泰國、緬甸五國的地緣處境剛好依地形一層層切割開來。

從地緣政治理論來看，位於最東邊的越南與寮國隔著綿長的安南山脈，讓她在地理特性上近似東北亞的朝鮮半島，素來是海陸兩權的交鋒點。越南在冷戰時期也曾經南北分治，並於越戰後由北越統一。從古至今，越南最大的地緣天敵就是中國，北

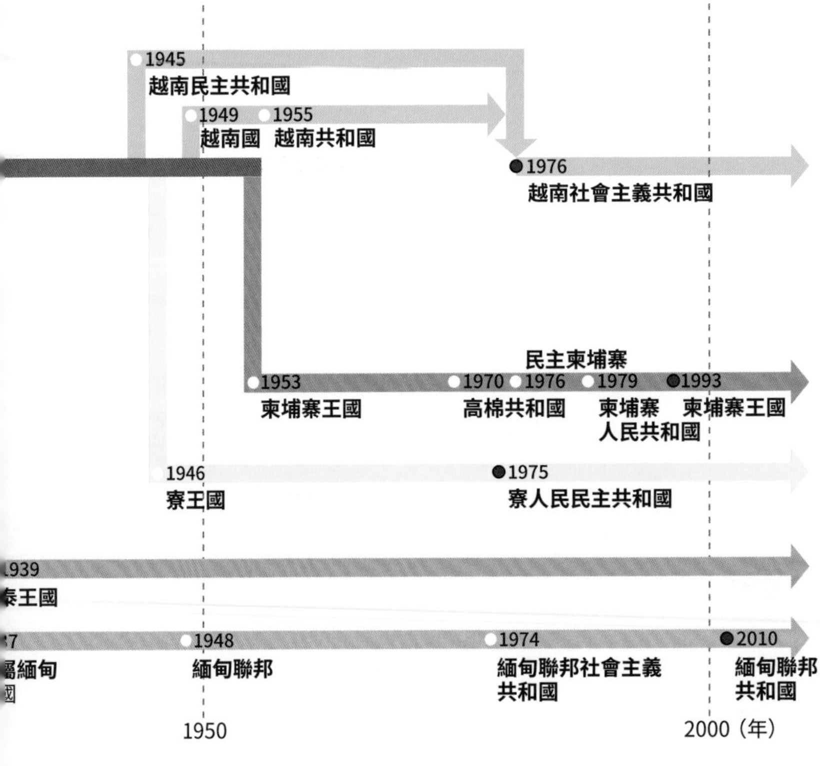

邊有陸路邊界爭議，東邊有南海主權紛爭。

柬埔寨的地緣天敵則是越南，基於「敵人的敵人是朋友」原則，與中國交好。寮國是陸鎖國，註定必須與鄰國維持友好關係，以取得出海口。

泰國是中南半島上唯一未被殖民過的國家，近代透過泰皇拉瑪五世朱拉隆功靈活務實的外交手腕，以割讓土地或是放棄宗主權等方式，維護泰國在東南亞的獨立與生存。泰國在歐美殖民時期是法國與英國勢力的緩衝區，今日仍爲東南亞的緩衝地帶。

緬甸則爲東協最棘手的議題，政治動盪與種族滅絕事件，讓民眾不斷逃往鄰國避難，造成區域性難民危機；且緬甸位於中國與印度之間，也是中印兩國的角力場。

值得注意的是，中國對中南半島施以「棒子與胡蘿蔔」兩手策略，一方面在瀾滄江及其支流修建九十多座水壩，掐住下游越南、寮國、柬埔寨及泰國等國家的水資源命脈，另一方面又大力推廣「瀾滄江—湄公河合作」，並重提「泛亞鐵路」計

【一圖全解】中南半島諸國分合

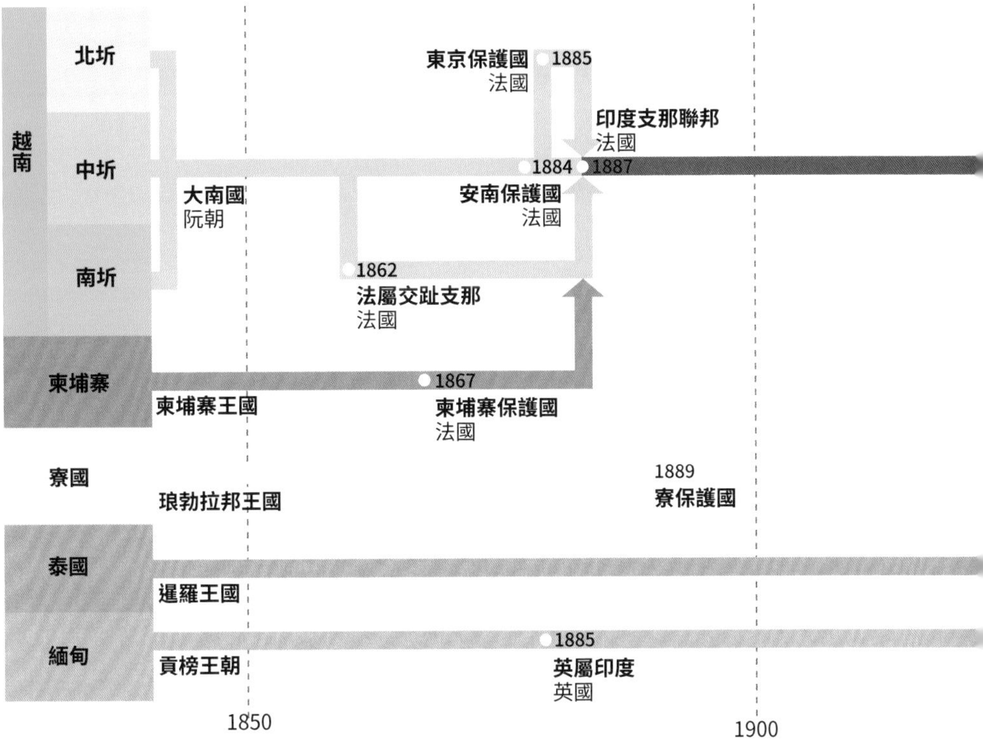

畫。這促使美國國務院資助「湄公大壩監控」（Mekong Dam Monitor）計畫，平衡中南半島的權力關係。

南洋群島
歷史臍帶，糾結卻溫和

南洋群島由於過去曾有歐洲強權殖民發展的歷史背景，迄今仍有零星的領土主權衝突，不像中南半島在陸地上透過熱戰解決領土糾紛，反而是透過政治對話等方式溫和解決領土爭議。

南洋群島地緣政治可分爲三個部分來看，即菲律賓、舊馬來西亞聯邦體系、印尼與東帝汶。

菲律賓是西化程度最深的國家，歷經西班牙與美國的殖民發展，天主教對菲律賓文化的影響深遠。過去，菲律賓外交策略擺盪在美中之間，惟近年因南海領土爭議，與中國不斷對立，甚至發生船隻碰撞、水砲與刀斧齊發等暴力衝突。

舊馬來西亞聯邦體系是一九六三年由馬來亞

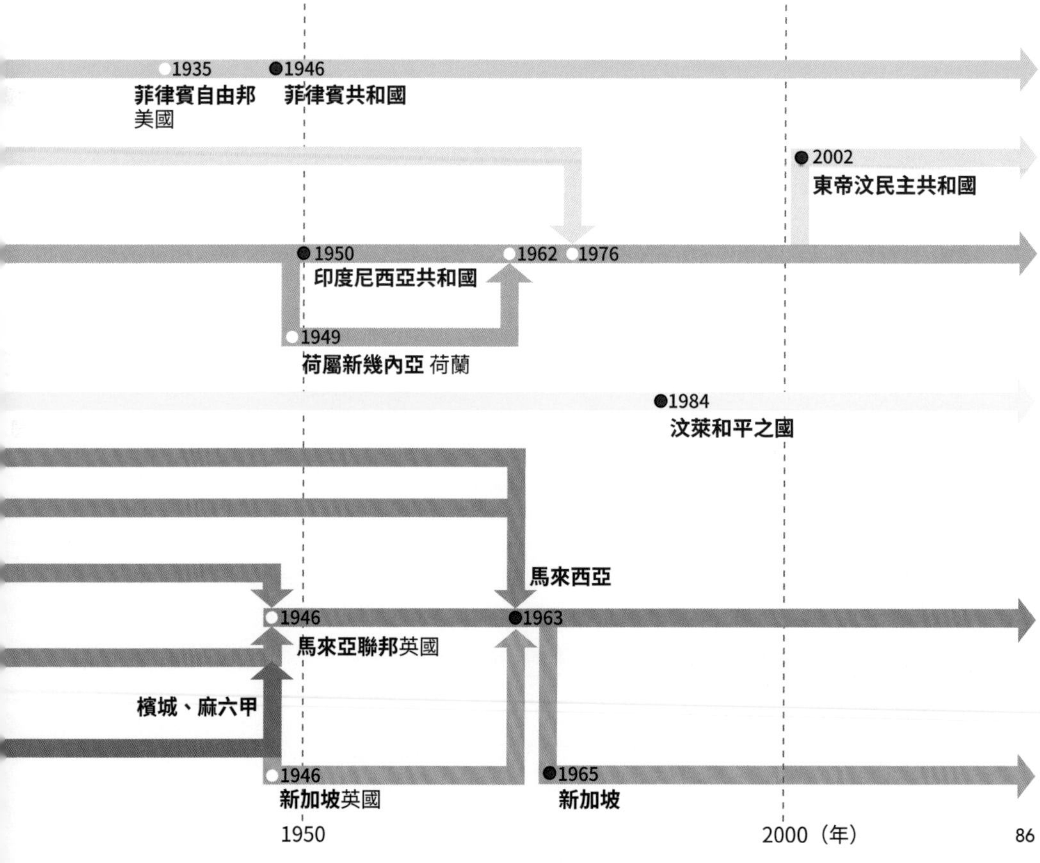

聯合邦與新加坡、英屬砂拉越、沙巴合組成立，但因新加坡州與馬來西亞政府持續不合，加上新加坡境內牽涉華人與馬來人之間的種族騷亂，一九六五年馬來西亞國會決議將新加坡逐出馬來西亞，新加坡最終獨立建國。印尼，是世界上最大的群島國家，幅員廣大，是地緣共主。二戰後，蘇卡諾領導印尼人反抗荷蘭軍隊重返印尼，即便蘇卡諾因兵敗被俘，最終荷蘭不敵國際壓力及譴責，在一九四九年荷蘭宣布印尼獨立。印尼境內存在宗教與排華議題，發生過多起暴力事件與恐怖攻擊。

東帝汶，位於帝汶島東半部，原本是葡萄牙屬地，在一九七五年脫離葡萄牙統治並宣布獨立，印尼占領東帝汶，民眾抗爭不斷。雖然一九九九年東帝汶舉行獨立公投，印尼政府不滿公投結果襲擊東帝汶民眾，聯合國授權維和部隊進駐東帝汶平息暴亂，最終在二〇〇二年東帝汶正式恢復獨立。

【一圖全解】南洋群島諸國分合

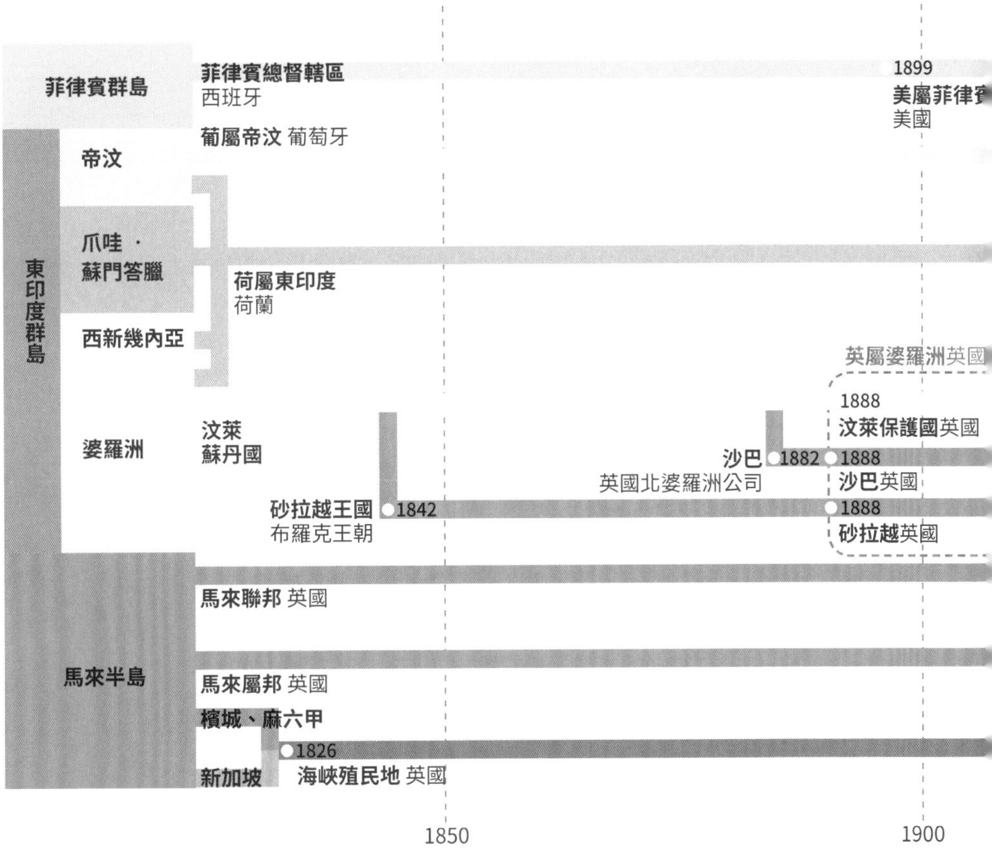

主權爭議密碼

南海爭端 七國聲索，東南亞火爆角力場

南海是全球主權爭議最複雜的地帶，多達七個國家聲索，補給船摩擦、官方地圖出版、人造島興建、國際法庭仲裁、軍事演習，演變成東南亞最火爆的角力場。

文／湯智貿、林俊宇

地緣驚爆點

擁島自重，占地為王

南海爭端，牽涉周邊七個國家，是東南亞最新的強權角力場，隨時可能擦槍走火，釀成軍事衝突。面對南海主權爭議，又以中國、越南、菲律賓、台灣為主要**聲索國**。其中，島礁是主權爭議重點；海域糾紛則主要分布在南沙群島、西沙群島、中沙群島一帶。

中國以「九段線」作為主張南海主權範圍的依據，積極建立人工島嶼軍事設施，企圖讓九段線成為事實。從地圖上看，九段線的形狀就像是從北往南伸出的舌頭，所以也有「紅色舌頭」的別稱。

面對中國造島，越南也以相同手法應對。根據美國戰略暨國際研究中心（CSIS）旗下的「亞洲海事透明倡議」（AMTI）所發布的報告顯示，在二〇二四年的上半年間，越南積極填海造島，使越南在南海擁有的陸地面積達到

名詞解說

南海諸島、人造島與礁石實際掌控國家

台灣：東沙群島、太平島
越南：南威島等
菲律賓：中業島等
中國：永興島、美濟礁、渚碧礁、永暑礁等

聲索國

指聲明索取某地區領土主權的國家。國際法規定，若一地區被一國家占有五十年，其他國家若無異議，那麼該地區在法律上就成為其領土，倘若其他國家有異議，為了宣示對某地區的主權，就必須發出聲音，表明索取該領土主權的主張。

二千三百六十英畝，是中國掌控面積的一半。

菲律賓則早從一九九〇年就故意讓馬德雷山號戰車登陸艦擱淺在仁愛礁（Second Thomas Shoal，亦稱「仁愛暗沙」），艦上派有駐軍。二〇二四年六月，當菲律賓海軍例行運送補給品至馬德雷山號時，遭到中國海警以斧棒攻擊，幸好菲律賓極爲克制，但兩國已在軍事衝突邊緣。

地緣重要性
貿易航道戰略，豐富漁礦

爲什麼南海如此重要，以至於中國、越南、菲律賓、馬來西亞、汶萊、印尼、台灣等周邊七國，都要聲索主權？因爲南海海域事涉「部分島嶼主權歸屬」、「海域劃分」和「相關海洋權利」多項權利。

南海作爲主要的航運通道，戰略地位重要，約全球三分之一的海上貿易會通過南海，是國際海運航線的重要樞紐。東亞四國台日韓中的石化能源進口超過八成必須通過南海。

南海周圍的石油蘊藏量相當豐富，各國積極在南海上建造石油鑽井平台開採石油，圖為馬來西亞在南海的石油鑽井平台和補給船。

根據菲律賓調查，南海提供大約占全世界百分之十到百分之十二的海洋漁業資源。根據美國能源資訊管理局二〇一三年估算，南海的天然氣蘊藏量大約高達一百九十兆立方英尺；而確定和推定的石油藏量也高達一百一十億桶。因此，南海周邊國家都希望控制自己所主張擁有主權的部分島嶼及其專屬經濟區，保護自己的經濟利益和區域地緣政治利益。

南海多數油氣礦區位於南海邊緣，而島礁主權歸屬和法律地位認定涉及相關海域劃分和油氣開發的相關海洋權利。按**《聯合國海洋法公約》**規定，「島嶼」是四面環水並在高潮時高於水平面「自然形成」的陸地區域，可以劃設領海、毗連區、專屬經濟區和大陸棚。但不能維持人類居住或其本身經濟生活的岩礁，不應有**專屬經濟區**（**專屬經濟海域**）或大陸棚。

公約也規定，專屬經濟區和大陸棚內的人工島嶼、設施和結構不具有島嶼地位，所以它們沒有自己的領海，其存在也不影響領海、專屬經濟區或大陸棚界限的劃定。

名詞解說

專屬經濟區（Exclusive Economic Zone, EEZ）

又稱專屬經濟海域，範圍是從領海基線算起不超過二〇〇海里內的海域範圍。專屬經濟海域主張國家對於專屬經濟海域內的自然資源，不論生物或非生物資源的使用，有主權權利，但其他國家仍享有航行和飛行的自由。

中越海域線主張

中國官版地圖出動，越南歷史文獻依據

中國對於南海領土主權範圍，是以「歷史性權利」為基礎，主張使用和台灣「十一段線」基本上重疊的「九段線」，來劃出其主張的南海領土主權範圍。但

這範圍涵蓋周邊爭端國家大部分的南海領土主權，以及海洋權利主張，所以引起其他聲索國的抗議與反制。

二〇二三年，中國政府更進一步發布**「二〇二三年版標準地圖」**將台灣、南海諸島，以及中印存在領土爭議的阿魯納查邦和阿克賽欽地區納入中國疆域中，引發台灣、印度、馬來西亞、印尼和菲律賓抗議。

越南以歷史文獻和島礁實控爲依據，引用《聯合國海洋法公約》的規定，主張南海的西沙群島和南沙群島的主權，並依此劃定專屬經濟區和大陸棚。越南主張通過雙邊和多邊談判，尋求共識和妥協方案，和平解決南海爭端，反對任何形式的軍事威脅或使用武力。

近年，越南透過美國、日本與印度，取得巡邏艇、巡邏機、雷達等防衛性武器。二〇二四年，越南與菲律賓簽署諒解備忘錄，同意加強海岸防衛隊合作與設立溝通熱線，避免在南海發生意外。

目前，各國在南海各自擁有實質控制的島嶼。

台灣實質控制東沙群島與太平島，海巡官兵常駐於這個區域的兩個島嶼。

越南在其控制的南威島上，填海、修建生活設施、直升機停機坪、飛機跑道和停泊港等。

菲律賓在其控制的中業島上，修繕飛機跑道和擴建相關運補停泊，

南海諸島，包括西沙群島、東沙群島、中沙群島、南沙群島等，由珊瑚礁、礁石、沙灘、淺灘組成數百個島嶼。

與島上生活設施。

中國也在其控制的南海島礁進行大規模的填海造島工程，並進行軍事化。中國已完成永興島、美濟礁、渚碧礁、永暑礁等人造島的軍事化，包括飛機跑道、機棚、船艦停泊港、部署反艦和防空飛彈、戰機、鐳射與電波干擾設備等武裝系統，已威脅到在周邊地區海空域活動的所有國家。

地緣國家態度

馬印汶，積極部署

馬來西亞認爲，南海主權爭議必須根據國際法，透過和平、理性的對話解決，支持訂定行爲準則（Code of Conduct）以規範各方的行爲，減少意外衝突和提高區域穩定性。

雖然馬來西亞的領土主權聲索範圍不如其他聲索國（越南、菲律賓、台灣），與中國利益衝突相對較小，但是對於中國強勢的劃界、填海和修法等作爲，並沒有退卻，主要透過法律途徑維權和以官方聲明表示抗議與不承認。

例如，二〇二三年，馬來西亞官方公開反對「中國二〇二三年版標準地圖」所示中國的南海主權主張涵蓋馬來西亞的海域，包含沙巴（Sabah）和砂拉越（Sarawak）海岸外的專屬經濟海域重疊。

印尼方面，沒有主張南海任何島嶼領土主權。不過，因爲印尼納土納群島的

名詞解說

中國二〇二三年版標準地圖
中國在二〇二三年發布「二〇二三年版標準地圖」，該地圖將台灣、南海群島及中印存在領土爭議的阿魯納查邦和阿克賽欽地區納入中國將疆域，此舉引起東南亞以及印度等國的強烈抗議，菲律賓甚至表示中國做法沒有國際法依據。

行為準則（Code of Conduct）
泛指一套訂定的規則。國際關係中，國家間會針對特定議題達成約束彼此行為的準則，以期解決衝突，增進利益相關者的權利。

專屬經濟海域與中國主張的南海主權範圍部分重疊，印尼認爲中國侵害其主權權利、海洋資源與軍事戰略利益。與其他區域國家一樣，印尼也主張通過談判和外交手段和平解決南海爭議，支持建立南海行爲準則來規範各方的行爲。

例如，印尼與越南兩國也於二〇二二年底完成南海「專屬經濟海域」劃界談判。同時，印尼也加強自身軍事力量，以維護其在南海的權益。

汶萊根據《聯合國海洋法公約》劃定一塊大致爲長方形的專屬經濟區。汶萊只對位於其大陸棚的南通礁主張主權，亦是唯一提出主權主張而未維持軍事存在的國家。因此，汶萊被形容爲南海的「無聲聲索國」。汶萊一直主張遵循國際法，通過對話和協商解決南海爭端，支持建立《南海行爲準則》維護區域和平。

南海仲裁案

中國九段線不具國際公約法律基礎

二〇一三年，菲律賓以中國違背《聯合國海洋法公約》爲由，在荷蘭海牙的國際常設仲裁法庭提告中國，挑戰中國的南海主權聲索，即「南海仲裁案」。

南海範圍廣，每個島嶼和礁石都關係到各國權益，除了中國之外，其他聲索國皆傾向由國際法和國際法庭仲裁，越南已三度向聯合國遞交南海大陸棚延伸界限案，圖為拜竟嶼，是越南在南海的眾多島嶼之一。

二〇一六年，國際常設仲裁法院公布仲裁結果，裁定包括：

一、中國在南海海域不享有「歷史性權利」，其主張的「九段線」沒有法律基礎，且違反一九八二年《聯合國海洋法公約》的規定。

二、所有南沙群島島嶼（包括太平島），都沒有適於人居的天然條件，在法律上的地位都是礁石，而非島嶼，所以僅能主張十二海里領海，而不得主張二〇〇海里專屬經濟區。

三、菲律賓漁民有在黃岩島捕魚的傳統權利，中國在南海的行爲，包括干擾菲律賓在相關海域的漁業，以及石油開採活動、修建人工島、中國漁民在相關海域捕魚等，都侵犯了菲律賓在其專屬經濟區內的主權權利。

最後，仲裁庭要求中國與菲律賓在仲裁公布後，均需遵守《海洋法公約》附件七第十一條的規定。中國當時拒絕承認該仲裁法庭的管轄權，也拒出庭應訊，當然拒絕接受結果。該仲裁結果，也等於否定台灣的南海領土主權主張。

名詞解說

東京灣

也稱北部灣，位於越南北部的封閉式海灣，是中國與越南的海上分界。中越雙方曾在一九五七、一九六一以及一九六三年簽訂漁業協議；二〇〇四年，中越雙方簽署《東京灣劃界協定》，解決中越劃界的紛爭，這是中國與周邊鄰國第一次劃定海上邊界。

地緣緊張性

軍事衝突風險上升，但相對克制

不過，中國對於該海域的海空活動監控、驅離和反制能力，也隨著人造島礁擴大與軍事化的逐漸完備而提升，顯著威脅到所有周邊和非周邊國家在南海海域的軍民海空活動。

二〇二四年，中國外交部於三月初發表有關**東京灣**（又稱北部灣）北領海基線的聲明，稱該基線法源來自一九九二年二月通過的《中華人民共和國領海及毗連區法》，並列出一系列相鄰基點之間的直線連線。越南外交部針對此事，呼籲北京尊重國際法和他國之權益。

面對中國的威脅，南海周邊各國，也跟進透過強化其控制島礁的管控防護來增加主權聲索的能力。非周邊但利用該海域的國家，例如美國、日本、英國、澳洲等，則透過增加軍事安全的支持來維護該海域的海空活動自由，維繫區域穩定和它們的地緣政治影響力與經濟利益。

美國重返亞洲，持續在該海域展示其強大的軍事能力，是平衡反制中國擴張威脅的主導力量。因此，在中國軍事擴張未歇、美國爲首的平衡反制力量也就不會減少的狀況下，目前整體南海情勢是處於發生軍事衝突風險上升，但仍相對克制平衡的狀態。

儘管中國發布「中國二〇二三年版標準地圖」，馬來西亞表示南海海域也涵蓋婆羅洲周邊沿岸以外的專屬經濟海域。圖中馬來西亞的古達是婆羅洲最北端，此處也是南海與蘇祿海的交會點。

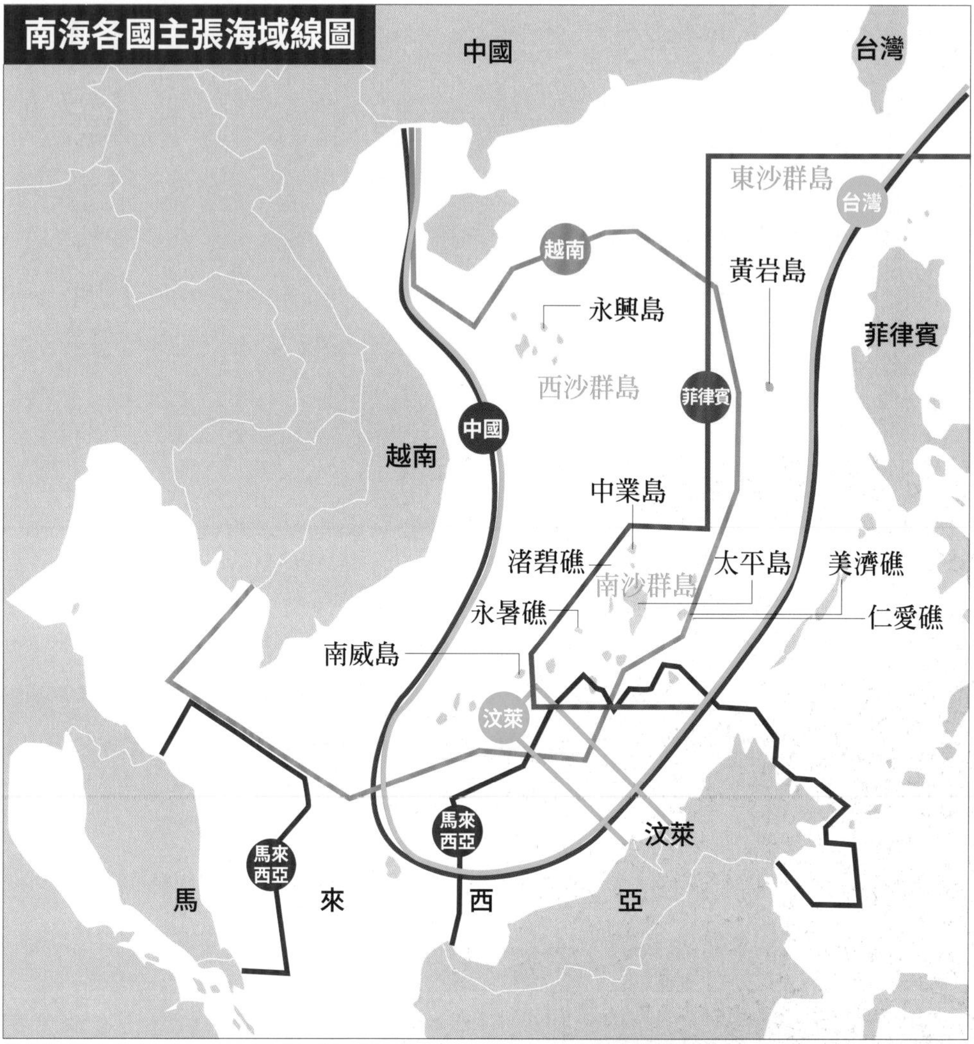

南海島礁可分為東沙群島、西沙群島以及南沙群島一帶，又以南沙群島的中業島、太平島、渚碧礁、美濟礁、仁愛礁、永暑礁與南威島的主權爭議最為複雜，南沙群島周邊各國為了捍衛南沙群島主權與相關海洋權利，在島礁上進行填海造島或修建設施等工程，保護自己的區域地緣政治利益。

主權爭議密碼

白礁島之爭 新加坡與馬來西亞，難捨咽喉點

覆蓋白色鳥糞的超小無人島，卻是遏制麻六甲海峽連通南海重要咽喉點。即使距離馬來西亞較近，新加坡仍要牢牢握在手，這種態勢牽動了馬國內部政局敏感神經。

文／李崇翔

地緣重要性

新加坡海峽東入口的咽喉

白礁島是一座面積僅大約〇．〇〇八平方公里、覆蓋著白色鳥糞的無人花崗岩島嶼，連同位於其南方的中岩礁（Middle Rocks）與南礁（South Ledge），共同座落於**新加坡海峽**東入口的南海水域，此處向來是聯絡麻六甲海峽與南海的咽喉點。

十九世紀英國在新加坡建立殖民地後，因經常有船隻擱淺於白礁島周邊海域，英國為維護往來安全，於一八五一年在未取得柔佛蘇丹國（Sultanate of Johor）的許可下，自行於白礁島上修建霍斯堡燈塔（Horsburgh Lighthouse），並交由設於新加坡的海峽殖民地（Straits Settlements）總督府管轄。白礁島自此變為新加坡管理，直到今日。

名詞解說

白礁島實質控制國家

新加坡

新加坡海峽

為麻六甲海峽的一部分，位於新加坡、馬來西亞柔佛州與印尼廖內群島之間，為溝通印度洋水系與太平洋水系的連接處。全長大約一百公里，寬約十六公里，是東南亞最繁忙的水道。

爭議起點

近馬來西亞，卻由新加坡領有

柔佛蘇丹國與後繼的馬來西亞均未對新加坡行使白礁島管理權提出異議，甚至在一九六五年新加坡獨立建國時，馬來西亞聯邦政府也沒有對白礁島提出主權要求。

直到一九七九年十二月二十一日，馬來西亞官方發布的地圖中首度將白礁島劃入領海範圍內，引起新加坡抗議。一九八〇年二月十四日，新加坡政府向馬來西亞遞交外交照會，抗議馬來西亞對白礁島的「主張」，並要求更正一九七九年版地圖，雙方正式展開對白礁島的主權爭奪。

白礁島與馬來西亞的柔佛州最近距離僅十二．八公里，距離新加坡卻遠達六十四公里之遙，從地圖上看來，較像是馬來西亞陸地的往外延伸。因此當馬來西亞對提出白礁島主權要求時，新加坡政府除了透過外交手段表示抗議外，也積極強化對白礁島的實際控制，先後在白礁島上興建建築、軍事通信設施，以及派出軍艦巡邏，阻止馬來西亞的漁船在附近海域捕魚，以維護主權。

此後，新加坡與馬來西亞就白礁島主權爭議出現零星的軍事對立，衝突一觸即發。但兩國相當克制，同意透過雙邊談判解決爭議。不過，因雙方始終缺乏共識，一九九四年決定透過第三方解決，並於二〇〇三年簽署特別協議，共同將提交**海牙國際法庭**（International Court of Justice）仲裁。

名詞解說

海牙國際法庭 (International Court of Justice)

又稱國際法庭，為聯合國的主要司法機關，一九四五年六月依《聯合國憲章》中的《國際法院規約》成立，總部設於荷蘭海牙。由任期九年的十五名常任法官組成。國際法院審理職司主權國家政府間的民事司法裁判。國際法院是具有特定管轄權限的民事法院，沒有刑事管轄權，因此無法審判個人，受理案件多半為領土與邊界糾紛。

新加坡主張白礁島為無主地，新加坡對白礁島的主權來自英國對該島的占有，並有效控制，之後英國將在島上興建之霍斯堡燈塔及相關管理業務交給新加坡管轄，新加坡便一貫地保有對該地的管轄權，且柔佛蘇丹國與其後的馬來西亞都不曾對白礁島提出異議，因此新加坡自然擁有白礁島的主權。

馬來西亞則主張，白礁島自古以來便是柔佛蘇丹國所有，並且柔佛蘇丹從未將白礁島主權轉讓給英國，英國在白礁島建造及維護霍斯堡燈塔，只是單純的商業運營，而非對該島主權的宣告，因此承繼柔佛蘇丹國的馬來西亞，自然仍對白礁島保有主權。

國際法庭仲裁

新加坡擁白礁島，馬來西亞握中岩礁

在國際法庭審理時，雖同意在歷史上白礁島主權歸**柔佛蘇丹國所有，但認為自從英國在白礁島上修建霍斯堡燈塔，並交新加坡管理後，柔佛或馬來西亞便未就此提出異議，即已「默認」此一變化。**

新加坡在白礁島上設有霍斯堡燈塔，標誌出新加坡海峽的東部入口。

加上第二次世界大戰後，英國爲釐清新加坡與馬來亞的海域疆界，而由新加坡殖民地秘書處於一九五三年六月十二日致函柔佛蘇丹詢問白礁島的主權歸屬問題，獲得柔佛蘇丹的代理國務卿回覆：「柔佛政府沒有主張白礁島之所有權。」

據此，國際法庭認爲，雖然柔佛蘇丹國擁有白礁島的原始所有權，但在白礁島主權爭端具體化時，新加坡已取得該島主權，故而**國際法庭於二〇〇八年五月二十三日裁定白礁島主權屬於新加坡、中岩礁主權屬於馬來西亞，而南礁主權則歸擁有它所處海域主權的一方**。

判決公布後，新加坡和馬來西亞均表示遵守國際法庭的裁決，因此兩國成立「馬來西亞—新加坡執行國際法庭關於白礁島、中岩礁和南礁判決的聯合技術委員會」（ＭＳＪＴＣ），以執行國際法庭的判決。

未完待續
白礁島事關國內政局，馬來西亞曾企圖翻盤

二〇一七年二月二日，**馬來西亞以發現新事證爲由，向國際法庭提起修改二〇〇八年判決的申請。接著馬來西亞又在同年六月三十日，以判決不清，聯合技術委員會難以據此釐定兩國對南礁的領土邊界爲由，向國際法庭提出解釋二〇〇八年判決的請求。**

雖然馬來西亞政府動作頻頻，新加坡政府則始終堅持遵守國際法庭審理結果

名詞解說

安華（Anwar Ibrahim）

安華為第十任馬來西亞首相，亦是馬來西亞希望聯盟及人民公正黨主席，二〇二二年大選以些微差距當選首相。近來馬來西亞與中國的關係緊密，主要跟安華的主張有關，安華在二〇二四年的東亞峰會上主張馬來西亞是獨立國家，美國、澳洲不該阻止馬來西亞與中國保持友好關係。

的立場。

二〇一八年馬哈迪（Mahathir bin Mohamad）當選馬來西亞首相，隨即於五月二十八日以接受國際法庭之判決爲由，通知國際法庭撤回修改與解釋兩案的申請。

由於白礁島主權案申請複核的十年期限於二〇一八年五月三十日到期，馬哈迪此舉無疑宣告馬來西亞放棄對白礁島的主權聲索，因而在馬來西亞國內引發軒然大波，並成爲往後政治紛擾的重要議題。

即使現任首相安華（Anwar Ibrahim）一再表示馬來西亞將不再對國際法庭的裁決提出異議，但他仍公開表示對二〇一八年撤回異議申請感到失望。

爲了平息國內對此案存有瀆職與怠忽職守的質疑，於二〇二四年一月當選的最高元首蘇丹伊布拉欣（Sultan Ibrahim Ismail）便爲此下令成立皇家調查委員會，以調查「圍繞白礁島嶼主權的問題」。

此舉雖不能改變國際法庭的結果，但也說明白礁島議題不單單只是馬來西亞與新加坡之間的國際問題，還牽動著馬來西亞內部敏感的政治神經。

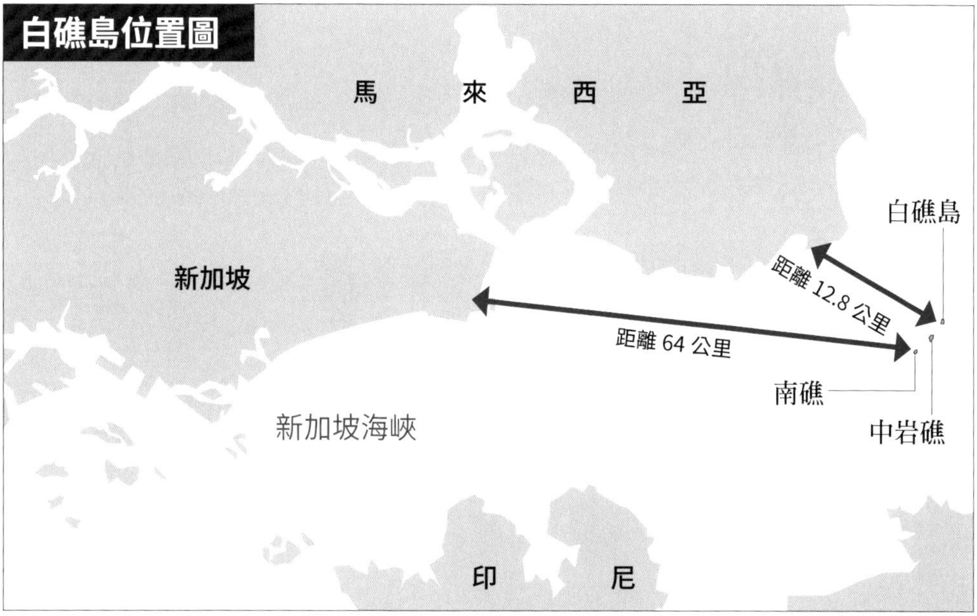

主權爭議密碼

林夢爭議　領土、油田，汶馬兩國包裹協議

地圖上，馬來西亞統治的林夢縣硬生生把汶萊切成東西兩塊。這裡不只關乎陸上領土，還事涉經濟海域範圍，汶馬兩國有智慧地以「陸地換海洋」來解決爭議。

文／李崇翔

爭議起點

砂拉越王國併吞，汶萊國土切兩半

林夢縣位處婆羅洲島北部，行政上屬於馬來西亞的砂拉越州，卻將汶萊的領土隔開成東、西兩塊不相連的土地。且林夢物產豐富，鄰接海域又富含石油與天然氣，成爲汶馬兩國相爭的緊要之地。

婆羅洲島全境曾經都是**汶萊蘇丹國**的勢力範圍，但十七世紀以後，隨著內亂不斷與歐洲列強殖民擴張，蘇丹國國力日益衰退，領土也日益縮小。

一八四二年，英國探險家詹姆斯・布魯克（James Brooke）協助汶萊蘇丹平定內亂，因而獲封古晉地區，並獲得「砂拉越拉惹」頭銜，意即「砂拉越王國的君王」。布魯克家族也逐步以租借與割讓的方式向北蠶食，在短短二十年間，便取得相當今日砂拉越的全部領土。

汶萊蘇丹國不堪砂拉越王國侵吞，在一八八八年與英國簽署保護國條約，試

名詞解說

林夢實質控制國家

馬來西亞

汶萊蘇丹國（Sultanate of Brunei）

汶萊蘇丹國為現今汶萊和平之國（Brunei Darussalam）的前身，大約於十四世紀建國，當時中國稱之為渤泥。十五世紀皈依伊斯蘭教，至十六世紀鼎盛時期轄有婆羅洲全島及菲律賓南部地區，後因內戰、海盜及歐洲殖民列強侵略而衰微，國土萎縮至今日的狀態。

海上領土

即一國領有之島嶼或岩礁。島嶼與岩礁在國際法上的地位不同，因此擁有不同的海域權利。島嶼可享有和陸地領土一樣的領海、鄰接區、專屬經濟海域和大陸棚；岩礁則不享有專屬經濟海域或大陸棚。

圖籍由英國阻止進逼。但是，一八九〇年砂拉越王國趁著林夢縣民反抗汶萊的稅收政策時，趁機併吞林夢，英國卻未採取任何行動，坐視林夢落入砂拉越之手。

此後，汶萊在英國保護下，曾幾次向砂拉越王國索還林夢，但都沒有結果。

二戰後，砂拉越轉由英國直接統治，並於一九六三年，與馬來亞、沙巴、新加坡聯合組成「馬來西亞聯邦」。當時馬來西亞曾有意邀請汶萊加入，首相東姑・阿都拉曼（Tunku Abdul Rahman）提出，若汶萊答應加入，連同林夢與砂拉越北部都可望歸還汶萊，但汶萊蘇丹認為加入馬來西亞聯邦將喪失自身主權，因此拒絕。

遭拒後，東姑・阿都拉曼一改和緩態度，拒絕再討論邊界問題，也不願交由國際法庭審議。

解決紛爭的智慧

事涉經濟海域，「陸地換海洋」最大化雙方利益

聲索林夢，不只關乎陸上領土，也事涉海上領土、專屬經濟區範圍，及油田開發利益。一九八四年汶萊重新

汶萊領土被林夢硬生生切成兩半，只能在北部海灣以 30 公里長的跨海大橋東西連通。

獨立後，隨即便在一九八七年正式向國際法庭提出爭取林夢主權的訴訟。

汶馬兩國經過二十多年低調談判後，雙方於二〇〇九年達成共識，以「汶萊在名義上不放棄林夢地區主權，但尊重歷史協議」的方式，換取馬來西亞在海洋爭端中讓步。雙方因此就彼此存在爭議的海域進行劃分，其中東部區域歸屬汶萊，西部區域則由兩國共同開發。

對於馬來西亞而言，林夢經濟雖十分依賴汶萊，但作爲連接砂拉越與沙巴的陸地樞紐，馬來西亞決不會退讓。馬來西亞如果想要保有林夢，勢必就海洋劃界和油氣資源分配方面做出讓步。對汶萊來說，林夢平原狹小，經濟結構單一，不存在大規模開發的有利條件，且自己的領土面積、人口、經濟、軍事等實力，都難與馬來西亞匹敵，因此兩國雖存有領土爭議，卻始終採取和平協商方式解決紛爭。

汶馬兩國「以陸地換海洋」滿足雙方訴求，即馬來西亞保障了東馬領土的陸上樞紐，汶萊得以開發豐富的海上油氣資源，此舉使雙方利益都能得到最大化，因而得以和平解決兩國之間的領土糾紛。

林夢縣位置圖

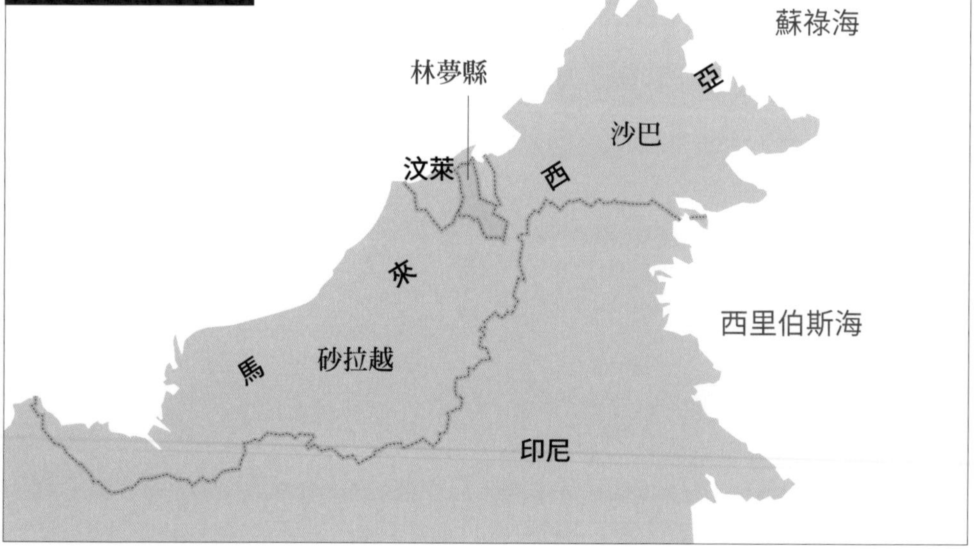

主權爭議密碼

沙巴躁動 海盜猖獗，馬菲汶難解習題

東南亞東側的沙巴，因歷史變化層層交疊，即使馬菲汶三國希望擱置主權爭議，但此處已成為地緣躁動點，分離主義、大屠殺、海盜等隱憂剪不斷，理還亂。

文／李崇翔

爭議起點

汶萊蘇丹國分割，蘇祿蘇丹國分屬不同列強

沙巴位於亞洲第一大島婆羅洲（加里曼丹）的北部，面積七萬三千六百三十一平方公里，三面環海，與北方的菲律賓群島隔著蘇祿海相望，南面則與馬來西亞的砂拉越、汶萊和平之國，以及印尼的北加里曼丹省相接。可說是東南亞東側的微妙交接口。

沙巴位處雨林地帶，林業資源豐富，還擁有石油、天然氣、煤、銅等珍貴礦產，伸手容易，放手太難。

沙巴主權爭議肇因於二，首先是昔日統治整個婆羅洲的汶萊蘇丹國對其領土的分割，第二是**蘇祿蘇丹國**領地分屬不同列強殖民地。

一七〇四年汶萊蘇丹國爆發內戰，北方的蘇祿蘇丹協助平亂，汶萊蘇丹為此將北婆羅洲部分地區割讓給蘇祿蘇丹國。一八五一年，蘇祿蘇丹國成為西班牙屬

名詞解說

沙巴實質控制國家

馬來西亞

蘇祿蘇丹國（Sultanate of Sulu）

建立於一四五七年的蘇祿人穆斯林國家，首都位於蘇祿群島主島霍洛島的霍洛市，全盛時期領土包括民答那峨島、蘇祿群島、巴拉望島及沙巴北部。一九一五年蘇祿蘇丹國為美國所滅，自此併入菲律賓。

地，歸入菲律賓管轄，但西班牙人並未因此消滅蘇祿蘇丹國，因此產生日後一連串糾紛。

美國駐汶萊領事查理・摩西斯（Charles Lee Moses）於一八六五年自蘇祿蘇丹手中獲得北婆羅洲的租借權，但因美國政策轉變，摩西斯便將租借權轉售給美國婆羅洲貿易公司（American Trading Company of Borneo）。然而美國婆羅洲貿易公司在婆羅洲的殖民未獲成功，因此在租借即將屆滿前，轉售給奧匈帝國駐香港領事古斯塔夫・奧弗貝克（Gustav Overbeck）。

奧弗貝克後又於一八七七年底與汶萊蘇丹議定延長租期。同時考慮到蘇祿蘇丹在此保有部分主權，因此奧弗貝克也同時與蘇祿蘇丹訂立合約，將北婆羅洲「Pajak」給予奧弗貝克。由於爪夷文（Jawi script）的「Pajak」一詞意義含混，馬來西亞方面據英譯本合約，認爲該詞意爲「割讓」，而菲律賓方面認爲應作「租借」解釋，雙方因此產生爭議。

地緣未爆彈

在斷交與復交間反覆，在內政與外交間糾葛

在隨後的歷史中，北婆羅洲所有權歷經英國掌控、西班牙將菲律賓移交給美國、英國改制爲皇室殖民地等等事件，在二戰後的東南亞獨立與殖民地轉移中，沙巴主權問題逐漸發酵。英國與菲律賓皆曾聲明擁有或聲索沙巴主權。

名詞解說

《菲律賓領海基線界定法案》

於一九六八年八月二十九日經菲律賓國會通過，其中菲律賓宣稱對沙巴擁有主權，引起馬來西亞的強烈反對，馬來西亞認為菲律賓的政治主張，並提出馬來西亞在沙巴主權的正當性與合法性，也迅速中斷對菲關係。

一九六三年，北婆羅洲與馬來亞聯合邦、新加坡及砂拉越共組馬來西亞。菲律賓由於沙巴問題，隨即宣布與馬來西亞斷交。

直到馬可仕（Ferdinand Marcos）上台後，才改變對馬來西亞的外交政策。一九六六年，菲律賓與馬來西亞簽署聯合公報，宣布復交，制定解決沙巴問題的三種方法，並在維護蘇祿海穩定、反對走私方面加強合作。

然而，隨著菲律賓於一九六八年通過《菲律賓領海基線界定法案》，菲律賓再次宣告對沙巴的主權，隨即引起馬來西亞的強烈反對。馬來西亞則始終堅持沙巴主權「無可爭議」，且沙巴人已依其自決加入馬來西亞，因此反對將此案提交國際法庭仲裁。

由於沙巴與菲律賓南部的伊斯蘭教分離主義頗有淵源，菲律賓任何公開表示放棄聲索沙巴的意見，往往牽動敏感的菲律賓內政，因此菲律賓政治人物鮮有公開呼籲放棄爭奪沙巴。

不過面對馬來西亞掌控沙巴的現實，即使對沙巴議題曾多次表態的總統杜特蒂（Rodrigo Duterte）也在二〇一六年與馬來西亞首相納

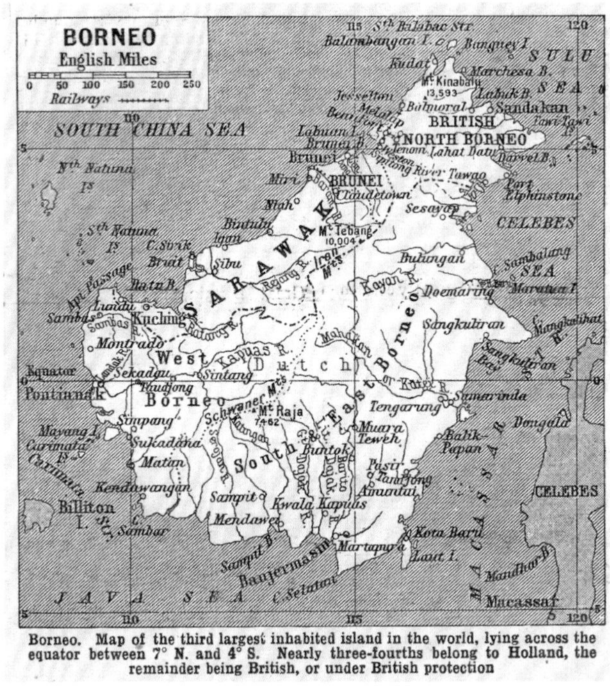

因殖民主義與殖民地公司的複雜歷史，沙巴不斷被轉賣、割讓或租借，主權層疊交織，也延伸出複雜糾葛。圖為漢斯沃思百科全書上的婆羅洲老地圖，東北角的沙巴地區在 1940 年代被標示為英屬北婆羅。

吉（Najib bin Abdul Razak）公開宣布同意暫時擱置兩國關於沙巴的爭端。

地緣紛亂性

國族情緒、分離主義、滲透作戰、大屠殺、海盜

菲律賓政客常以沙巴問題煽動國族情緒，政府甚至一度試圖對沙巴發動滲透作戰，此舉釀成一九六八年的「賈比達大屠殺」，並導致馬來西亞政府開始援助菲律賓南部的穆斯林發動叛亂。

由於菲馬兩國間存在緊張關係，也使得兩國在打擊海上非法活動上無法協作，終於導致一九八五年九月，一批來自菲律賓的武裝海盜登陸沙巴的拿篤，並造成一系列搶劫與隨意槍擊事件。

馬來西亞自建國以來，承繼著英國殖民時代與蘇祿蘇丹的合約，每年給付蘇祿蘇丹約一千美元的「割讓金」。不過到了二〇一三年，情況發生改變，一群宣稱由蘇祿蘇丹派遣的武裝分子試圖奪取沙巴，但冒險行動很快便遭到馬來西亞軍警敉平。自此之後，馬來西亞政府便中止給付蘇祿蘇丹「割讓金」。

二〇二〇年七月二十七日，菲律賓外交部長陸辛（Teodoro Locsin Jr.）在推特上發表「沙巴不屬於馬來西亞」的言論，引起馬來西亞的斥責，再次挑起兩國針鋒相對。然而，這些緊張關係，大多只存於外交動作上，在軍事則未見有更激進的對立。

名詞解說

賈比達大屠殺

一九六八年三月，十一名菲律賓穆斯林軍事學員被帶到科雷吉多島，預定組建一支名為「賈比達」的秘密突擊隊，以滲透、破壞沙巴。不過由於受訓者拒絕完成此一任務，故而全員都遭到菲律賓軍方殺害。此事在菲律賓穆斯林中引起騷亂，加深穆斯林與菲律賓國家之間的信任感，從而促使莫洛獨立運動的興起。

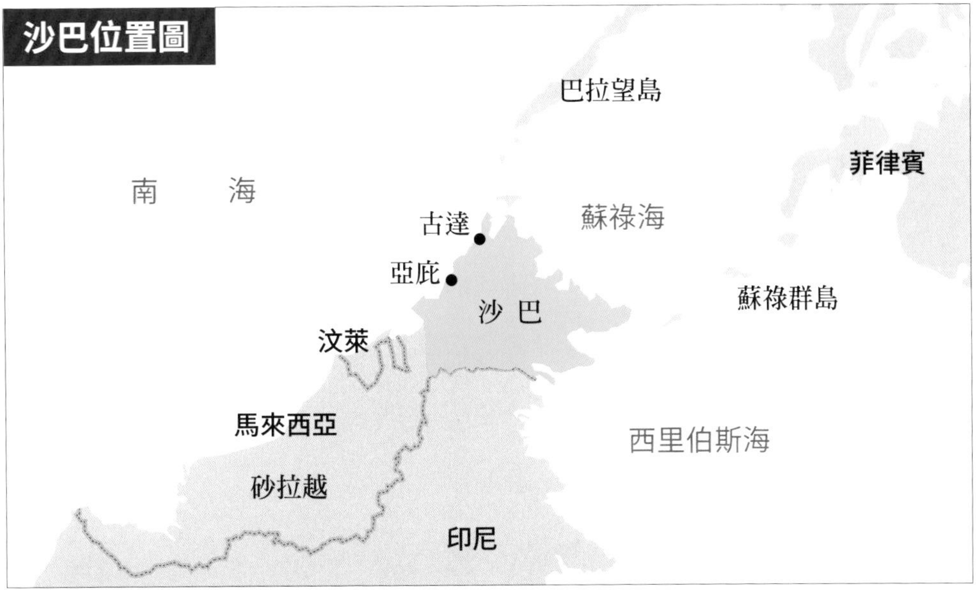

沙巴位於重要貨櫃貿易航線上，周遭海域具備豐富漁業資源，因地緣爭議不斷，繁忙海上交通中還交雜著海盜議題。圖為沙巴實邦加灣貨櫃港空拍圖，近年碼頭區不斷擴充，試圖緩和貨櫃擁堵狀況。

主權爭議密碼

佤邦與中緬南段未定界爭議 飛地與山寨中國

中緬邊界附近的佤邦，被視為是地緣上實質的飛地，也是中緬間的緩衝區。佤邦擁有自己的軍隊和政府組織，在政治破碎地帶形塑出一塊奇特的主權結界。

文／李崇翔

奇異結界的起點

中緬未定界破碎地帶，未被國際承認的國度

中緬南段未定界位於中國雲南省與緬甸撣邦之間，北起南帕河與南定河匯合處，南至南馬河與南卡江匯合處，全長三〇八公里。一八九四年，中英兩國簽訂《中英續議滇緬界務、商務條款》後，因條約內容與實際狀況多有矛盾，導致雙方實地勘界時，對阿佤山區段邊界產生歧見，未能劃定下來。

一九四一年，中英兩國又劃定「伊斯林線」（Iselin Line），但時值二戰，日軍在緬甸連連獲勝，所以伊斯林線只是停留在文書作業，未實地勘定。待一九四九年中華人民共和國成立後，中國隨即對伊斯林線提出異議，不過到了一九五六年，中國爲了共同消滅活動於緬北的雲南人民反共志願軍，主動放棄中緬未定界的領土訴求，向緬甸做出實質性讓步。最終中緬兩國於一九六一年十月十三日，簽訂《中華人民共和國政府和緬甸聯邦政府關於兩國邊界的議定書》，

名詞解說

伊斯林線（Iselin Line）

一九三五年，由國際聯盟指派之勘界委員會中立委員兼主席伊斯林（Frédéric Iselin）主持下，針對滇緬南段未定界的部分劃定的「條約線」。一九四一年，國民政府與英國正式換文，確立以伊斯林線為中緬國界，因此又被稱為「一九四一年線」。

解決中緬未定界的問題。

在中緬這段邊界附近，存在著一個獨特的「國度」，稱為「佤邦」。她位於緬甸境內，被稱為特區，當地民眾卻使用人民幣交易和雲南手機門號。她擁有自己的政治制度、中央與地方行政區和軍隊，甚至還設有國家入口網站，但佤邦未被全球任一國家承認。整個國度有段時間最主要的經濟產值來自鴉片銷售與博弈產業，是世界最知名的毒品生產地。

歷史演進

因孤軍生緬共，因緬共出佤邦

佤邦的誕生，與國共內戰、緬甸共產黨有密切的關係。

一九五〇年初，中華民國國軍殘部（以下簡稱「孤軍」）自雲南省退入緬甸阿佤山區，一面向緬甸政府表達伺機反攻大陸、無意久占的意思，一面又與緬甸少數民族地方武裝組織結合，從此成為緬甸政府的眼中釘。緬甸軍方曾以武力相對，卻遭到孤軍擊敗。孤軍也一度反攻雲南，但以失敗收場。

緬甸撣邦與中國交界，又因山勢險峻，形成中緬交互影響的微妙邊界地帶。

一九五三年，緬甸與蘇聯在聯合國控告中華民國侵占緬甸領土，中華民國政府因此將孤軍大部撤回台灣，但仍留下精銳，以「雲南人民反共志願軍」的名義留在當地。

由於緬甸政府幾次進攻不果，加上中華人民共和國想要消滅孤軍，中緬兩國遂於一九六一年議定邊界。然而，孤軍仍舊盤據該地區，使得中國轉而決定扶植喪失緬甸中部根據地的緬甸共產黨。此後，緬共在中國大力支持下，依托中緬邊界，迅速發展起來。

一九六一年，中華民國迫於國際輿論壓力，再次將孤軍接送回台，不過還是有部分不願前往台灣的孤軍，在泰國政府的接納下，轉至緬泰邊境駐紮。孤軍離開後，緬共開始對孤軍昔日據點發動攻擊，至一九七〇年代初，緬共已經完全控制阿佤山區。

一九八〇年代末期，由於緬甸共產黨內部因族群問題出現緊張關係，佤族、果敢族紛紛脫離緬共，其中佤族的鮑有祥於一九八九年四月十一日另外組織佤邦聯合黨（The United Wa State Party, UWSP），與緬共分道揚鑣。自立門戶後的佤邦很快便與緬甸軍政府達成停戰協議。緬甸軍政府遂將佤邦聯合黨控制區劃為撣邦第二特區，不過佤邦並不認為自己隸屬於撣邦，並與撣邦的其他民族地方武裝組織存在著緊張關係。

名詞解說

佤邦聯合黨（The United Wa State Party, UWSP）

一九八九年，鮑有祥和趙尼來發動兵變，脫離緬甸共產黨，另行成立緬甸民族聯合黨，之後與幾個較小的非共產主義佤族團體合併，組成佤邦聯合黨。佤邦聯合黨採中國共產黨式的組織，並以佤族民族主義為其重要指導思想。

實質上的飛地
山寨版中國，曾名列東南亞最大毒品生產組織

一九八九年後，佤邦與緬甸中央政府議和，佤邦的自治地位獲得了緬甸中央政府的承認與支持。另一方面，佤邦聯合黨也和緬甸國防軍、泰國政府聯手，於一九九六年擊敗坤沙（Khun Sa）統領的孟泰軍（Mong Tai Army），將原屬坤沙的泰緬邊境地帶納入管轄，形成被稱爲「南佤」的**飛地**。

佤邦由佤邦聯合黨掌控，該黨組織結構仿照中國共產黨，設有中央委員會與政治局；佤邦也與中華人民共和國相似，設有佤族人民代表大會與佤族人民政治協商會議。

佤邦的軍事組織稱爲「佤邦聯合軍」（United Wa State Army, UWSA）在接受中國顧問的指導下，仿照中國人民解放軍進行訓練與組織，因此有些人便將佤邦描述爲「山寨版」的中華人民共和國。

中華民國孤軍在緬甸的歷史中留下一頁，共軍圍剿孤軍，也間接促成緬甸共產黨與佤邦聯合黨接連興起。後人只能前往泰國美斯樂的泰緬孤軍將領段希文墓園，緬懷這段歷史。

佤邦的資金來源主要仰賴中國政府的資助、在地的農作物、礦產、博弈產業，以及各種非法交易，例如地下交易、毒品銷售、軍火銷售等。由於佤邦過去依賴鴉片銷售維持經濟，因此與毒品貿易關係密切，佤邦聯合軍也在二〇〇三年被美國緝毒局（United States Drug Enforcement Administration）點名爲東南亞地區，甚至可能在全球占主導地位的海洛因販毒組織。

佤邦爲了扭轉這些負面形象，以爭取國際社會的認同，佤邦聯合黨於二〇〇五年下令禁止罌粟種植，並接受中國政府的援助，改爲種植茶葉與橡膠。

名詞解說

飛地

飛地指在某個地理區劃境內有一塊隸屬於另一個地理區劃的區域。根據其地理上的相對關係，又可以分為「外飛地」(exclave) 與「內飛地」(enclave)，像是位於帝汶島西部的歐庫西 (Oecusse) 區就是東帝汶的一處「外飛地」。

地緣意義

中緬緩衝地帶，中國在緬北代理人

佤邦聯合軍不僅擁有約三萬名正規軍與二萬名民兵的軍力，也擁有各式輕重兵器，更是緬甸國內最大的緬甸少數民族地方武裝組織。**不過佤邦無意追求獨立，只希望能獲得更多的自治權，自從佤邦與緬甸中央政府簽署停火協議以來，佤邦軍隊主要用來保衛佤邦與中緬邊界安全。**

佤邦受到中國的大力支持，加上當地大多能使用華語，以人民幣作爲當地流通貨幣，當地不僅可以撥打電話到中國雲南地區，甚至中國電信商也能提供當地移動通訊服務，因此佤邦往往被視爲中國在緬北地區的代理人。

佤邦與中國的友好關係，使他們有能力確保與中緬之間的邊境安全。佤邦聯合軍強大的軍事實力，一方面與緬甸軍方長期保持合作，另一方面也同時得到中國方面的支持，使他們在緬北這一政治破碎地帶占有舉足輕重的角色。佤邦可說是善於利用此一優勢，以不捲入戰局的方式，向緬甸中央政府爭取更多的自治權。

佤邦曾經與罌粟畫上等號，但佤邦政府幾經產業轉型，已脫離鴉片這種毒品「傳統產業」。

1.44億顆

緬甸是全球最大鴉片生產國，2023 年共生產 1080 公噸，原料罌粟的種植面積達 4 萬公頃。鄰國寮國則是冰毒甲基安非他命生產大國，警方於 2022 年緝獲的甲基安非他命藥片高達 1.44 億顆。根據寮國國家藥物管制和監督委員會估計，截至 2023 年，境內有 9 萬名吸毒者，占寮國總人口的 1%。

東南亞島嶼多達 25000 座，其中印尼擁有 18307 座，排名第 1。印尼的火山數量也是東南亞最多，全境共有 400 多座，包括 129 座活火山。活火山中又有幾座超級火山，一旦噴發，將導致全球性氣候變化。

東南亞數字密碼

678.9 公尺

東南亞都市高樓林立，最高建築物默迪卡 118 大樓位於馬來西亞首都吉隆坡，高度 678.9 公尺，在東南亞排名第 1，世界排名第 2，僅次於 828 公尺的杜拜哈里發塔。另一座馬來西亞國油雙峰塔，高 452 公尺，曾在 1998 年至 2004 年排名世界第 1。

3901 萬 TEU

東南亞位居世界主要貿易航道，港口轉運繁忙。2023 年，新加坡港吞吐量為 3901 萬 TEU，僅次於中國上海，是全球第 2 大港口。位於麻六甲海峽主要航道上的馬來西亞巴生港，吞吐量為 1406 萬 TEU，全球排名第 12，正努力追趕新加坡港的區域龍頭地位。

8547萬教徒

菲律賓天主教徒高達 8547 萬人，總數居東南亞之冠，也是僅次於巴西和墨西哥的全球第 3 大天主教國家。境內 4 座擁有 400 年以上歷史的巴洛克風格天主教堂，被列為世界文化遺產。

129 座

2633 萬噸

棕櫚油是印尼的戰略生產物資，年出口量達 2633 萬噸，相關產業僱用 1620 萬名工人，相當於台灣人口的三分之二。棕櫚油不只可當作食材，也可作為生質燃料。

67 起

2023 年全球海盜案件有 120 起，東南亞地區達 67 起，占總數 55.8%。其中，新加坡海峽發生 37 起，顯示在此區域遭遇海盜的風險最高。

4180 公里

湄公河流經 6 個國家，全長 4180 公里，是世界第 12 長河流，亞洲第 7 長河流，河流生物多樣性位居世界第 3，僅次於亞馬遜河和剛果河，已確認魚類物種高達 1148 種。

國油雙峰塔

爭建摩天大樓，馬來西亞拚世界第一

擁有「世界第一高樓」，是新興國家展現經濟實力的最直接證明。2000 年前後，亞洲興起爭建摩天大樓的風潮，先是由位於馬來西亞首都吉隆坡的「國家石油雙峰塔」拔得頭籌，在 1998 年完工後，取代美國伊利諾州的西爾斯大樓（Sears Tower），連續 6 年穩居世界第一高樓寶座，直到 2004 年才被「台北 101」大樓超越。

不過，國油雙峰塔採雙棟平行形式建築，在摩天大樓中較為罕見，所以至今仍是「世界上最高雙棟大樓」的紀錄保持者。

雙峰塔地上共 88 層，總高度 452 公尺，尖塔頂端為傳統伊斯蘭風格，在第 41 層和第 42 層架設連結雙塔的空中橋梁，外型獨樹一幟，好萊塢電影《將計就計》就曾以雙峰塔為敘述主線，風靡全球，創下 2.1 億美元高票房，也讓全世界都認識這棟馬來西亞地標。

吉隆坡追求第一的腳步從未停下過，2023 年又完成另一座「默迪卡 118」大樓，高度 678.9 公尺，僅次 828 公尺的杜拜哈里發塔，目前是東南亞第一高樓。

另外，觀光業起家的泰國首都曼谷，近年也興起蓋高樓的風潮，「玉蘭河濱公寓」與「王權大京都大廈」皆因造型特殊，吸引全球目光，但樓高仍無法與吉隆坡兩棟高樓相比。

默迪卡 118

4 換位思考，各國眼中的東南亞

各國的地理位置不一樣，看到的東南亞價值也不同。

換位思考，從各國的視角看東南亞，可以全方面理解各國盤算，找出國際叢林的法則，瞭然衝突與結盟的背後考量。

美國眼中的東南亞

美國大戰略著眼全球治理，東南亞地緣價值則時有變化，直至中國以「溫柔攻勢」擴張區域影響力，美國才不得不重返亞洲再平衡。

文／湯智貿

美國眼光一

隨全球戰略重心變化，曾「善意忽視」東南亞

東南亞控制往來亞洲、非洲、歐洲及大洋洲之間海洋航行的戰略要地，具有難以忽視的地緣政治價值。**不過，對美國而言，東南亞的地緣政治價值是隨著美國全球戰略重心的變化而變化。**

冷戰時期，美國視東南亞為圍堵共產主義擴張的前緣地區，因而向東南亞的非共產主義國家提供經濟和軍事安全援助，幫助她們鞏固政權、促使她們建立自由民主政治制度，以抵禦共產主義的滲透，防止東南亞完全被赤化。例如，美國推動建立「東南亞條約組織」和參與越戰。

然而，越戰導致的美國國內動盪與經濟消耗促使美國改變亞洲政策。在「**尼克森主義**」（或稱「關島主義」）下，美國撤離越南，收縮其東南亞政策，雖應允會協助盟友國防安全與經濟建設，但不願再直接捲入該地區的戰爭。

名詞解說

尼克森主義（Nixon Doctrine）

前美國總統理查·尼克森於一九六九年在關島提出的外交政策，強調美國盟友必須負擔自我防衛責任，美國視情況伸出援手，並張開「核保護傘」。尼克森主義被視為美國亞洲政策的轉變，從此「亞洲人的戰爭，必須由亞洲人自己打」。

此後，美國採取被形容爲「善意忽視」（benign neglect）的政策態度，降低介入東南亞事務的力道，只處理特定可能損害美國利益的危機事件。例如，支持東協抵抗越南占領柬埔寨。

冷戰後期，雷根政府著重於東西陣營大國對抗戰場，不重視發展中國家的政策地位，東南亞也被置於美國外交政策的低順位。

冷戰結束後，在美國獨霸亞洲的背景下，當時的老布希政府與柯林頓政府認爲，亞洲沒有迫切的危機，將美國軍事重心放在歐洲與中東地區。在這時期，美國的東南亞政策聚焦在其市場和民主化，前者著重在發展貿易、投資、技術轉讓、人力資源發展等經濟合作關係，後者則是推動人權與民主價值。不過，後者也爲美國與東南亞國家帶來不少政治摩擦。

美國眼光二
中國「溫柔攻勢」，美國「重返亞洲」

由於擁有獨霸地位，使得美國低估東南亞的地緣價值，加上美國與東南亞國家在政治意識形態與價值觀上的摩擦，崛起中的中國獲得空間建立和擴張對東南亞經濟、政治和社會的連結與影響力。

二〇〇一年，九一一恐怖攻擊事件使得東南亞在美國對外政策的重要性產生變化。當時的小布希政府將東南亞視爲美國全球反恐行動的第二戰線，開

新加坡樟宜海軍基地一直是美軍在東南亞的重要據點，在美國海軍自由號戰艦退役前，就時常停靠在樟宜。

始調整過去忽視東南亞的政策態度，利用全球反恐行動逐步加強美國在東南亞的軍事存在，順勢擴大美國的影響力。**同時，美國也意識到中國正在侵蝕美國獨霸亞洲的地位。中國積極藉由參與東協多邊機制和加強雙邊關係，以「溫柔攻勢」（charm offensive）逐漸建立引導東南亞政治、經濟與安全事務發展的能力。**

雖然全球反恐與中國崛起是美國重新評估東南亞的政策地位的轉捩點，美國當時仍以單邊主導的態度處理對東南亞的關係。結果，即便美國對東南亞的政策態度開始轉變，中國與東南亞的關係進展明顯領先美國對該地區的再接觸。

隨著中國大舉擴張在東南亞的勢力，美國歐巴馬政府上台，在「重返亞洲」大旗下，將東南亞視為美國亞太「再平衡」（rebalancing）戰略中的重要一環。此時，美國積極參與東協多邊機制，強化與東南亞的軍事、外交、經濟連結，改善東南亞社會對美國的印象，穩定東南亞對美國的信任。

美國眼光三
印太戰略，美國國家利益優先

主張「美國優先」的川普政府上台之後，**美國換以重雙邊、輕多邊的格局，規劃以美國為主導、重視海洋第一島鏈的「印太戰略」**。川普政府的政策調整，除了反映美國國內對於外交政策的辯論，也反映了在中國已深入影響東南亞政經發展的情形下，美國不易在堅持自主、不選邊的東協多邊機制內建立領導地位。

名詞解說

九一一恐怖攻擊事件 (Attack of September 11)

美國本土第一次遭逢自殺式恐怖攻擊事件，全面性影響二十一世紀全球防禦思維。事件發生於二〇〇一年九月十一日，伊斯蘭聖戰組織「蓋達組織」劫持四架民航機，其中兩架分別撞擊紐約地標世界貿易中心雙塔大樓。另兩架最終墜毀，機上無人生還，美國及其盟友立即宣布進入緊急狀態，美國也因此展開長達數年對蓋達組織與賓拉登的追捕行動。

2001年的911恐怖攻擊事件，讓美國眼光重新回到東南亞，布局美國全球反恐行動第二戰線。圖為美國報紙以頭版頭條報導911事件，美國引以為傲的紐約地標世貿大樓遭到摧毀，全球秩序隨之盤整。

以「美國優先」的態度建構圍堵中國陣線也對東南亞國家對美國的信任感產生負面影響。

拜登政府上台後，以「美國國家利益優先」的原則接續並修正川普政府的印太戰略，回到雙邊與多邊並重的路徑，積極以多邊合作機制理順印太地區盟友的關係。例如升級美日印澳的四方安全對話，組建澳英美三邊安全夥伴關係，提出印太經濟架構等。

就東南亞而言，拜登政府重申尊重並支持東協多邊機制作爲東南亞地區經濟與安全的發展核心，以贏回區域信任感。

在印太戰略中，美國將東協與亞太經濟合作會議一起視爲是印太區域架構的核心與促進自由開放的平台，並於二〇二二年將現行與東協的「戰略夥伴關係」，提升到等級更高的「全面戰略夥伴關係」（comprehensive strategic partnership），宣示推動雙方「有意義」、「實質性」、「互惠互利」的合作。

美國眼光四

對抗中國重要拼圖，戰線卻不易全面推進

在軍事上，美國利用南海問題推進與東南亞國家的安全合作。例如，加速推展在菲律賓的軍事部署和聯合東協實行海上

安全合作演習，美國希望透過演習，可以與東協建立互信機制。

在經濟上，美國將東南亞主要經濟體（印尼、泰國、馬來西亞、菲律賓、新加坡、越南、汶萊）納入印太經濟架構。這除了是看重東南亞日趨繁榮的市場和豐沛的人力資源，有利於美國經濟成長，亦是希望將東南亞經濟發展維持在美國支持的自由平等制度軌道上，以促進美國與東南亞的經濟連結，穩定雙邊的政治與社會關係，從而阻止中國的區域勢力擴張。

目前，美國確實提升了東南亞的政策地位，視其為實踐印太戰略，對抗中國的重要拼圖之一。

不過，隨著東協多邊安全和經濟機制日益發展和中國不斷介入區域發展，東南亞國家應對美國的自主性也跟著提高，已不再像過去一樣，是美國可以輕易拉攏的**附隨國家**。

複雜的東南亞政治環境也使得美國與東南亞之間的安全合作不易推動，特別是傳統軍事合作。因此，當前美國圍堵中國的戰略部署，還是側重維繫強化傳統盟友的多邊與雙邊合作（例如日本、韓國、澳洲等）。東南亞在美國印太戰略的重要性主要是其市場與經濟發展對於美國未來經濟成長的幫助，以及藉由雙方經濟合作產生反制中國的效果。

總的來說，對美國而言，東南亞是當前對抗中國戰略中不可忽視，卻也不易全面推進的次戰線。

名詞解說

美國國家利益優先（America First）

強調美國孤立主義、民族主義政治立場，由威爾遜總統在一九一六年競選時首次提出，二〇一七年總統川普就職再度提出「美國優先」和「美國再度偉大」。拜登繼任後，仍以此原則修正川普的「印太戰略」。

附隨國家

指一個國家在政治、經濟、軍事、外交等領域，依附於另一個強大國家之下。例如冷戰時期，美國作為「自由世界」國家的領袖，在背後援助或指使許多國家反對共產主義，形成反共陣營。

中國眼中的東南亞

中國透過外交、建設、經貿等多元方式，積極介入東協運作，藉以突破麻六甲困境及美國防堵網。美中兩國的競逐，已讓柔軟堅韌的東協竹子產生裂痕。

文／陳尚懋（佛光大學公共事務學系教授兼國際長、台灣東南亞學會理事長）

中國眼光一
關係臻頂峰，多國參與一帶一路

東南亞一直以來就是中國對外關係最重要的地區，同時也是最多華人移居的地區，現今東南亞許多地方還保有華人的傳統生活方式。雙邊的關係可以一直追溯至秦漢時期的朝貢體系，爾後透過經雲南前往緬甸的陸路，以及經廣東前往越南等地的海路，緊密連結。

一九四九年中華人民共和國成立之後，首先於一九五〇年一月十八日與越南建交，然由於冷戰影響，雙邊關係停滯，直到一九九一年才重啓與東南亞國家協會（以下簡稱東協）的對話進程。一九九六年成爲東協全面對話夥伴後，於二〇〇三年簽署《東南亞友好合作條約》，並建立戰略夥伴關係。

二〇二一年十一月二十二日中國與東協建立對話關係三十週年紀念峰會中，習近平正式宣布建立「中國—東協全面戰略夥伴關係」，雙邊關係臻於頂峰。

名詞解說

《東南亞友好合作條約》(Treaty of Amity and Cooperation in Southeast Asia, TAC)

由東南亞國協主導簽署的條約，體現東南亞諸邦永久和平、友好合作的普遍原則，提供東南亞地區及世界各國之間具有法律約束力的條約，目前已有五十一個國家簽署條約。其中，美國除了簽署《東南亞友好合作條約》外，也與東協各國外長另簽該約擴大協議書，加深美國與東協在進行區域合作與處理全球事務的夥伴關係。

事實上，習近平二〇一三年三月就任國家主席之後，於同年十月首次出訪東南亞，並於印尼國會發表演講，提出共同建設「二十一世紀海上絲綢之路」，此與先前提出的「絲綢之路經濟帶」，構成「一帶一路」重要倡議，並在往後影響著中國與東南亞關係。

多個東南亞國家積極參與一帶一路計畫，並成爲宣傳亮點，包括：寮國的中寮鐵路、泰國的中泰鐵路、印尼的雅萬高鐵、越南的河內輕軌二號線、柬埔寨的施亞努港經濟特區等。但積極參與的情況反而造成部分東南亞國家陷入債務泥沼之中。

中國眼光二
互爲第一大貿易夥伴，突破美國防堵網

由於雙方地理位置鄰近，中國向來是東南亞重要的經濟命脈。儘管美國試圖透過「印太經濟架構」（Indo-Pacific Economic Framework, IPEF）拉近與東南亞的經貿距離；但印太經濟架構的內容空泛且不符東南亞國家所需，成效不彰。**反觀中國透過與東協建構自由貿易區與「區域全面經濟夥伴協定」，維持彼此之間的緊密經貿關係。雙方貿易額從一九九一年起成長超過百倍，並於二〇二〇年起互爲第一大貿易夥伴。**

隨著美國總統歐巴馬上台後推動「重返亞洲」以來，歷經川普與拜登政府，

名詞解說

《全球文明倡議》(Global Civilization Initiative, GCI)

二〇二三年由中國國家主席習近平所提出，內容強調尊重世界多元文化、理解多元文化的具體價值、重視文化傳承與創新、加強國際人文交流合作等四種理念。

習近平擔任國家主席以後，提出四種全球性倡議，包括「一帶一路」倡議、全球發展倡議、全球安全倡議、全球文明倡議，突顯中國主導打造新世界集團的企圖。

中國「一帶一路」倡議的指標項目的印尼雅萬高鐵在2023年通車，連結印尼兩個最大城市雅加達首都特區和萬隆都會區，興建過程爭議不斷，也讓印尼陷入「債務陷阱」的疑慮。圖為高鐵列車正停靠在雅加達高鐵哈林站（Halim）。

透過「澳英美三邊安全夥伴關係」（Trilateral security partnership between Australia, the United Kingdom, and the United States, AUKUS）與「四方安全對話」等多邊安全保障機制，強化與東南亞地區的安全保障，建構「印太戰略」，並尊重「東協中心性」（ASEAN Centrality），共同防堵中國勢力外擴。爲此中國除原先提供之經濟保障外，也開始強化與東南亞之間的政治安全關係。

習近平於博鰲亞洲論壇二〇二二年會開幕主旨演講，首次提出的**《全球文明倡議》**（Global Civilization Initiative, GCI）就成爲極佳的切入點，希望在解決區域衝突中發揮積極建設性角色，提出中國式解方。中方因而多次介入緬甸危機的調停，強化其大國角色，但其背後也隱含著想要突破被美國所建構的防堵網。

首先，在瀾湄合作方面。由於湄公河區域蘊含豐富天然資源，包括水利、森林、礦產、生物等重要經濟開發潛能，加上這幾年隨著南海主權爭議越演越烈，以及美國透過新加坡控制麻六甲海峽箝制中國等因素，更加凸顯出湄公河流域五國所處的中南半島經由安達曼海，連通印度洋與太

平洋的重要性。

美日兩國紛紛對此提出相關倡議，中國也於二〇一四年提出建立瀾滄江—湄公河對話合作機制，二〇一六年三月二十三日，「瀾湄合作」（Lancang-Mekong Cooperation, LMC）正式啓動，也象徵中國勢力進入湄公河流域。

中國眼光三
通過泰國，突破咽喉制約

其次，中國在過去多次提議可協助泰國開挖克拉運河，同樣可避開麻六甲困境，安全進出印度洋，取得重要咽喉點的航行權。但泰國政府因泰南三府分離主義盛行，多次表明不可行。

然而，賽塔政府上台後為改變過往竹子外交的特性，希望能強化泰國在地緣政治中的重要性，擬在南部啓動連結泰國南部春蓬府和拉廊府的陸橋計畫，透過深水港、油管、公路以及雙線鐵路，連通印度洋（安達曼海）與太平洋（暹羅灣），取代原先的克拉運河開鑿計畫。此項計畫引發中資企業的高度興趣，若能順利執行，相信中國會是泰國以外最大的受惠國。

這幾年雖然中國透過政治安全與經貿投資兩手策略，意圖拉近與東南亞之間的關係，也確實在寮國、柬埔寨等國收到成效。但隨著中美兩國在東南亞的競逐愈形激烈，也讓南海與台海的議題國際化，導致中國跟東南亞國家，尤其是越南

名詞解說

泰南三府分離主義

泰國南部北大年府、也拉府和陶公府以穆斯林族群居多，過去雖有零星民族紛爭，但不嚴重。直至美國九一一事件後，全球恐怖組織活躍，南部三府接受境外組織資金和培訓協助，出現多起暴亂，泰國軍隊在該區駐防數萬人。

麻六甲海峽航道狹窄，貨輪密布，全球有四分之一的油輪自此經過，為東南亞最重要的咽喉點，也形成中國亟欲突破的「麻六甲困境」。

與菲律賓的雙邊關係出現變化。

儘管，東南亞國家皆表示意欲維持獨立自主的外交政策，不會在中美兩國之間選邊站隊，但隨著衝突態勢不斷升高，東南亞國家在中美兩國之間的表態將會更加明顯，如此也將造成東協內部的分裂，使「支持民主陣營的東協」對上「支持威權集團的東協」，對於東協往後的發展不啻是一大隱憂。

中國一帶一路戰略

中共國家主席習近平為了打造大國外交核心戰略，在 2013 年 9 月提出「一帶一路」，倡議陸上「絲綢之路經濟帶」與海上「21 世紀海上絲綢之路」，藉著協助同盟國打造基礎建設，成功拿到鐵路、港口等經營權和租借權，為中國軍事勢力往外的出口預先鋪路。東南亞作為「一帶一路」的第一個航段，對中國可謂是重中之重。

印度眼中的東南亞

東南亞地區是印度文明的延伸，雙方在外交上採用的「不結盟」與「避險」政策頗為合拍，同為「全球南方」更化解了視彼此為地緣天敵的疑慮。

文／方天賜（清華大學通識中心副教授兼印度中心副主任）

印度眼光一

印度文明的延伸地區，東望政策初步發展夥伴關係

從歷史文化的角度來看，東南亞是印度文化的投射地區。在公元一世紀前後，源自印度的佛教便已傳入東南亞地區，迄今仍是許多東南亞國家的主要宗教。

另一方面，印度教也曾在東南亞發展並留下足跡。柬埔寨的吳哥窟便是以印度教神廟建築爲主；旅客進到曼谷國際機場的海關大廳時，也可看到印度教**「乳海翻騰」**神話故事的大型雕塑。新加坡與馬來西亞慶祝的屠妖節（Deepavali），典故也源自印度神話。印尼國營航空以神鷹「嘉魯達」（Garuda）爲名，則是取名自印度毗濕奴神（Vishnu）的坐騎。

換言之，東南亞地區是印度文明的延伸地區。但在冷戰時期，印度與東南亞由於分屬不同陣營，雙邊關係並不密切。

冷戰結束後，雙方關係不再因美蘇兩強對峙而受到束縛。印度於一九九一年

名詞解說

乳海翻騰

印度教的創世神話故事。在印度神話中，眾神居住在宇宙中心，此間的「乳海」蘊藏著可讓眾神長生不老的甘露。傳說眾神攪拌乳海，經過千年翻騰，天地萬物與寶物隨之誕生。

因爲經濟改革需求，注意到東南亞的經貿實力，進而開啓「東望政策」（Look East Policy），藉以強化與東南亞地區的交往。同時，印度也支持東南亞國協在區域建制上的地位及影響力，開始發展與東南亞國協的「夥伴關係」。

一九九二年，印度成爲東南亞國協的「部門對話夥伴」（Sectoral Dialogue Partnership）；一九九六年，雙邊關係提升，印度成爲東南亞國協的「對話夥伴」（Dialogue Partner）。二〇〇二年，印度晉升爲東南亞國協的峰會夥伴，雙邊開始舉辦年度的「東協—印度峰會」（ASEAN-India Summit）。二〇一二年，雙方締結更深層次的「戰略夥伴」關係。

印度眼光二
東進政策，多邊與雙邊關係齊進

印度在二〇一四年第十二屆東協—印度峰會上宣布將「東望政策」調整爲「向東行動政策」（Act East Policy，又稱「東進政策」），彰顯其強化與東南亞及

泰國曼谷蘇凡納布機場出境大廳的「乳海翻騰」巨型雕塑，是印度教在東南亞廣傳的最顯眼展示。

東亞地區交流的企圖心。二〇二二年，印度與東南亞國協再將關係提升為「全面戰略夥伴」關係。在個別國家部分，印度也與東南亞的印尼、越南、馬來西亞、新加坡等國建立雙邊戰略夥伴關係。**綜合上述發展顯示，印度與東南亞國家關係在冷戰結束後逐漸擴展及深化**。

印度對東南亞的經略作爲，主要是透過多邊及雙邊互補方式，逐步提升政經關係。以雙邊經濟合作爲例，印度於二〇〇三年與泰國簽署自由貿易協定（Free Trade Agreement）、二〇〇五年與新加坡簽署廣泛經濟合作協議（Comprehensive Economic Cooperation Agreement），二〇一一年再與馬來西亞簽署廣泛經濟合作協議。但另一方面，印度於二〇〇九年及二〇一四年與東協分別簽署貨品及服務貿易協定，用多邊方式涵蓋還沒有簽署雙邊合作協議的東南亞國家。

比較可惜的是，印度因爲自身經濟條件考量，決定退出《區域全面經濟夥伴協定》（Regional Comprehensive Economic Partnership, RCEP），**失去與東南亞深化整合的機會**。

在軍事交流部分，印度於二〇二三年五月與新加坡、印尼、馬來西亞、汶萊、越南、菲律賓等國，舉行「東協—印度海軍演習」（ASEAN India Maritime Exercise, AIME-2023），建立多邊交流模式。

印度海軍也經常穿梭南海地區及停靠東南亞國家港口，進行「海軍外交」。在雙邊部分，印度則已與新加坡、馬來西亞、印尼、菲律賓、泰國、越南等國簽

名詞解說

《區域全面經濟夥伴協定》（Regional Comprehensive Economic Partnership, RCEP）

由中、日、韓、澳、紐與東協十國所訂定的貿易協定，過去曾有跨太平洋夥伴關係協議（TPP）的訂定，東協與其他亞洲各國考量自身的貿易利益，於是另起爐灶訂定一個類似的協定，但美國並未加入此協定。

署軍事合作相關協議。

印度眼光三
多層次的合作網絡，支持「東協中心」

近年來，印度也開始提供軍備給東南亞友好國家。印度於二〇二二年向菲律賓出售印俄聯合開發的布拉莫斯（BrahMos）超音速巡弋飛彈，提升菲律賓的防衛能力。越南及印尼也對此型飛彈有興趣，持續印度談判購買事宜。

印度也在二〇二二年出售海軍艦砲系統給印尼，開啓雙方首次軍備交易。此外，印度在二〇二三年贈送越南一艘飛彈巡邏艦，進一步深化兩國長期以來的軍事合作。

藉由這些「多邊／雙邊」及「軍事／經濟」交流模式，再配合原有的歷史文化連結，印度與東南亞國家發展出多層次的合作網絡。未來也可以在這些基礎及模式上，進一步深化關係。

隨著印度整體國力的上升，參與東南亞區事務的機

印度海軍時常出訪東南亞港口，進行海軍外交。

會跟能力也隨之升高。爲了避免引發東南亞國家對印度的進入產生疑慮，印度採取尊重東南亞國家主體性的立場。印度於二〇〇三年加入《東南亞友好合作條約》，二〇〇四年印度又與東協簽署《和平、進步及共享繁榮之夥伴關係協定》（ASEAN-India Partnership for Peace, Progress and Shared Prosperity），不僅對東南亞國協表達友善合作的意願，也擴大促進貿易和投資便利化，對雙邊貿易或有進一步深化的機會。

二〇一八年，印度的「共和國日」（Republic Day）慶典，便邀請東協十國領袖擔任主賓。印度也多次宣示東協是印度「向東行動政策」的主要支柱。**更重要地是，印度支持「東協中心性」主張，亦即強調東協在印太區域事務具有中心角色，認可東協對於區域事務的主導地位。印度的這些舉動有助贏得東協國家的好感及信任。**

印度眼光四
「不結盟」遇上「避險」，雙方非潛在戰略威脅

就整體外交取向而言，印度與東南亞也有契合之處。印度向來主張「不結盟」戰略（non-alignment）自主性，避免與強權集團結盟。多數東南亞國家在對外關係上則採取「避險」（hedging）政策，無意在強權對抗中選邊。

雙方對於中國崛起的關切，也提供合作的誘因。印度沒有在東南亞稱霸的野

名詞解說

「不結盟」戰略 (non-alignment)

前印度總理尼赫魯在一九五四年提出的概念，在冷戰期間選擇不與美蘇兩大強權的任何一方結盟，藉以不捲入冷戰紛爭。而這個概念也吸引許多國家認同與採納，為的就是要避免捲入各大強國的經濟、政治和軍事紛爭。

心，但希望進入南海地區及強化與東南亞國家合作，以反制中國進入印度洋及南亞的壓力。東協國家也歡迎印度進入東南亞地區，認爲有助平衡中國對此區的影響力。

印太戰略的提出，讓同處於印太地區的印度與東南亞在地緣關係更爲緊密。在可預見的將來，印度與東南亞的合作大過於對抗。

雙方都還處於發展期。雖然雙方都積極爭取中美對抗下從中國撤出的外資，也希望在全球供應鏈重組中扮演更重要的角色，但彼此的規模和利基不同。**印度的人口及GDP都超過東南亞的總和。**東南亞的整合程度並不如歐盟扎實，各國的社會發展程度不一、對外戰略也有所差異。在個別國力對比下，印度與東南亞國家的國力有所差距，不太會爆發中印或中美之類的競爭或對抗。

最重要的是，雙方並未將對方視爲潛在的戰略威脅。印度近來重視「全球南方」（Global South）議題，與東南亞之間將有更多的交流及合作需求。

印度向菲律賓出售印俄聯合開發的布拉莫斯（BrahMos）超音速巡弋飛彈，這款導彈作戰範圍可達三百到五百公里，於 2019 年邦加羅爾航空展亮相時，受到外界矚目。

日本眼中的東南亞

與東南亞建立緊密經貿與外交關係，是日本走出戰後、走向國際的重要戰略。日本積極建構重要資源、市場、海上生命線等三條戰略線，彌補美日安保體制之不足。

文／李世暉（政治大學日本研究學位學程教授、台灣日本研究院理事長）

日本眼光一

走出戰後，與美國和東南亞組成「經濟鐵三角」

一九五三年，日本在戰後國際政治經濟環境下，確立了與東南亞建立緊密的**經貿與外交關係，作爲日本走出戰後、走向國際以及經濟持續發展的戰略。**

當時日本外相岡崎勝男前往菲律賓、印尼、汶萊、越南等國，協商《對日和約》的批准，以及賠償支付的問題。然而，日本與東南亞國家之間，對於賠償金的支付總額與支付方法，彼此存在著極大的認知差距。東南亞國家大多傾向短期、高額的資金援助，但缺乏資金的日本政府，則是提出「經濟協力」的賠償方案。

對此，日本經濟審議廳經濟協力室首任室長大來佐武郎提出**「輸出對策試案」**（即「大來構想」），主張以長期的經濟合作取代短期賠償，同時透過經營東亞國家市場來強化日本經貿網絡。自此，東南亞乃逐步成為戰後日本思考國家安全與經濟發展時的重要因素。

名詞解說

輸出對策試案

又稱「大來構想」，一九五四年三月由日本經濟審議廳經濟協力室首任室長大來佐武郎提出。構想指出，日本若要對外擴大出口，必須同時兼顧東亞市場以及歐美市場。對於東亞市場，可透過長期的經濟援助與經濟合作方式，達成擴大日本出口的目標；對於先進工業國家市場，則是倚靠日本相對低廉的生產成本，強化日本商品的市場競爭力。

配合美國的亞太戰略，戰後的日本將安全保障的重心放在東北亞，把經濟貿易的重心放在東南亞。透過由美國資金、日本技術與東南亞資源組成的「經濟鐵三角」，日本一方面可協助美國防堵共產主義在東南亞地區的擴張，另一方面可強化本國在東南亞地區的經濟影響力。

日本眼光二
淵源已久，朱印船貿易啓先鋒

在日本的歷史上，東南亞地區首度受到關注的時期是日本戰國時代後期。當時，隨著葡萄牙、西班牙商人的仲介，以東南亞國家爲交易對象的「南蠻貿易」開始興起。之後，統一日本的德川幕府對南蠻商人發放**「朱印狀」**，開啓了「朱印船貿易」。

當時，主要是以日本的銀、硫磺，換取東南亞國家的絲綢、綢緞等物品，通過朱印船貿易，在東南亞生活的日本人數量一度達到一萬人。然而，德川幕府於一六六三年實施「鎖國政策」，讓日本與東南亞的交流斷絕了二百年之久。直到一八六八年的明治維新之後，日本重啓與東南亞的交流，並以新加坡爲貿易中轉地，展開藥品、和服等商品交易。

透過一八九五年的《馬關條約》取得台灣之後，日本眼中的東南亞戰略價值出現了重大轉變。對當時國力快速增長的日本來說，以台灣爲起

日本企業不只將生產技術帶到東南亞，也引進注重團隊合作的管理思維。圖為泰國的日商企業帶領員工到海灘進行共識營。

點，將國力伸向東南亞（南洋）地區的「南進政策」，是當時大日本帝國指導者胸中擘劃的國策藍圖之一。

進入一九四〇年代，美國和其他西方國家決意禁止向日本出口石油、鋼鐵和其他重要的戰略物資，以削弱了日本的軍事戰力。日本為因應歐美各國對其實施的戰略物資禁運，突破「ＡＢＣＤ包圍網」（美國 America、英國 Britain、中國 China 與荷蘭 Dutch），乃積極將軍力擴展至東南亞地區，以取得戰爭所需的戰略物資。此時日本眼中的東南亞，是大日本帝國建立「大東亞共榮圈」的資源要地。

日本眼光三

補日美安保體制不足，建構三條戰略線

二次世界大戰之後，日本與東南亞的關係，則是受到了冷戰思維與日美安全保障的影響。**若以日本的戰略角度來看，戰後東南亞的戰略價值呈現在重要資源、市場與海上生命線上。**

在重要資源上，包括二戰期間的石油、煤鐵、橡膠，以及現在的天然氣、永久磁鐵等，東南亞都是日本重要礦物的主要來源地區。

在市場上，東南亞是擁有超過六億人口的成長市場，是日本最重要的貿易夥伴之一。

名詞解說

朱印狀

日本戰國時代至江戶時代的一種古文書史料。德川幕府時期，幕府在許可對外貿易的時候，會在文書上蓋有四角形的朱色印信，而這個持有四角形朱色印信的貿易船隻就被稱為朱印船，外國政府可以憑這類文書判斷前來貿易的船隻到底是合法或是非法。

日美安保體制

二戰結束後，美日雙方雖曾簽訂《美日安全保障條約》，規定美日兩國共同維持與發展武力以抵禦武裝侵略，於是在一九六〇年簽訂《美日互相合作與安全保障條約》，此條約不僅規定將一國受到的攻擊認定視為對另一國的危害，也規定了美軍駐日的條文。在冷戰時期，此條約不僅強化了美日關係，也成為日美安保體制的最大支柱。

在海上生命線上，從南海過麻六甲海峽，是日本通向印度洋與阿拉伯半島最重要的海運通道，也是日本進口能源的重要航路。

東南亞的戰略價值，進入二〇一〇年代之後更形重要。特別在美、日、中各方競逐的國際環境下，中國推動「一帶一路」、「區域全面經濟夥伴協定」積極拉攏東南亞國家；日本與美國則是提出「印太戰略」與「印太經濟架構」，將東南亞國家納入戰略架構之下。

對此一時期的日本國家戰略而言，有必要進一步強化與東南亞的關係，以對應中國的崛起。特別在中國經濟快速發展的二〇〇〇年代，中國挾著自己其龐大的市場優勢，逐漸取代日本在東南亞的政治與經濟影響力。

此外，另一項戰略重點是建立與東南亞國家的安全合作機制，以彌補「**日美安保體制**」的不足。**日本安全保障的基礎為日美安保體制，但此一體制的適用範圍，未及於東南亞地區。雖然日本已通過集體自衛權的相關法案，但仍須透過東南亞地區的安全機制來確保日本的國家安全。**

即便東南亞國家組成「東南亞國協」，匯聚成員力量來因應國際變局。但在可預見的未來，無論是地緣政治的戰略要地布局（如南海），還是地緣經濟的資源爭奪（如菲律賓、印尼的重要礦物），東南亞都將持續成為周邊大國角力的重要場域。

日本前首相安倍晉三在 2016 年提出「印太戰略」初步構想，東協在 2019 年也接受這個區域架構倡議。圖為 2016 年日本與美國艦隊赴印尼參與多邊聯合演習。

澳洲眼中的東南亞

澳洲與東南亞的地緣關係，猶如「唇亡齒寒」般緊密。從地理位置上看，印尼是澳洲的地緣天敵，但基於中國因素，澳洲又必須與東南亞區域共主印尼維持友好默契。

文／黃恩浩（國防安全研究院國防戰略與資源研究所副研究員）

澳洲眼光一

脫歐入亞，改變自我區域角色認同

自十九世紀初澳洲脫離英國成爲獨立國家以來，國家安全與東南亞區域穩定就注定是一種唇亡齒寒的關係。

二次大戰後，在英國與美國等西方勢力相繼撤離東南亞地區的過程中，澳洲在一九六〇至一九七〇年代間的外交與國防政策，就處在地緣政治上的分水嶺，不僅要面對老舊的且逐漸褪色的歐洲，更要面對一個嶄新的且逐漸亮麗的亞洲。**此時，澳洲人對自我區域角色的認同，也開始從是「歐洲的一分子」轉變成是「亞洲的一分子」**。

由於二次戰後英美相繼從東南亞撤兵，造成區域權力眞空，且受到二戰期間日軍對印尼及澳洲西北部攻擊的刺激，澳洲的大戰略思維開始走向「脫歐入亞」，開始重視東南亞，並以外交多邊主義爲基礎來建構安全措施。

名詞解說

緩衝區（Buffer Zone）

一般各國疆界由交界雙方議定，在地緣政治實務上，相鄰的兩個國家會設法在疆界周邊建立「緩衝區」（或稱緩衝地帶），讓彼此跨越疆界有難度。

澳洲最北端的約克角距離新幾內亞島只有140公里，由托雷斯海峽連通。澳洲曾因西新幾內亞主權議題，與地緣天敵印尼關係緊張。

在地緣戰略規劃上，不管是面對過去共產主義勢力南下，還是當代中國軍事威脅的擴張，澳洲基本上是將海洋東南亞國家中的印尼視為與其他亞洲國家之間的安全「緩衝區」（Buffer Zone），所以澳印關係的穩定發展，可謂是澳洲相當重要的利益。

就建構多邊安全關係而言，在一九五〇年代建立的《澳紐美安全條約》（ANZUS）基礎上，澳洲成為協助美國在東南亞與南太平洋之間維護安全的關鍵國家。現代的澳洲更自詡為美國在太平洋區域的「副警長」（Deputy Sheriff），不僅協助美國維持區域秩序，也支持美國「印太戰略」（Indo-Pacific Strategy）的推展。

澳洲眼光二
印尼是地緣天敵，但必須扭轉成夥伴關係

此外，為防止二戰後任何外來勢力對新加坡與馬來西亞的威脅，英國、澳洲、紐西蘭、新加坡與馬來西亞曾於一九七一年簽訂「五國聯防協議」（Five Power Defence Agreements）。在該協議架構下，這五國現在不僅可進行安全對話，也可執行軍事任務，對維護東南亞安全的戰略意涵不容小覷。

在地緣政治上，只要處理好與北方印尼的關係，澳洲就可以說是

一個沒有天敵的國家，但是澳印雙邊關係從二戰結束以來並非一帆風順。決定澳印關係發展的重要事件包括：

（一）在一九四五年至一九五〇年，印尼爆發去殖民化獨立運動，澳洲支持當時印尼獨立行動，因而爲兩國開啓了友好關係。

（二）一九五〇年至一九六六年，因爲西新幾內亞（West New Guinea）歸屬權問題，澳洲支持荷蘭在該地的主權，以及在印尼與馬來西亞對峙（Konfrontasi）問題上，澳洲支持馬國自治，造成雙邊關係走向緊張。

（三）在一九九五年，澳印簽訂《共同安全合作協定》，雙方關係恢復友好。

（四）在一九九八年至一九九九年，澳洲干預東帝汶（East Timor）事件，澳印關係又由友好轉向敵對。

（五）在二〇〇六年，澳洲與印尼簽訂《龍目條約》（Lombok Treaty）後，在恐怖主義、邊界安全和情報交換等項目擴大合作，此後雙方關係才又開始走向友好迄今。

澳洲眼光三

中國因素，澳印緊張機率不高

印尼在地緣上最重要的戰略優勢就是扼守著連通印度洋與太平洋的戰略航道，例如，麻六甲海峽、巽他海峽與龍目海峽等，其中以麻六甲海峽最爲重要。若麻

名詞解說

《龍目條約》(Lombok Treaty)

澳洲和印尼在二〇〇六年簽訂的協議，藉以共同應對新的區域安全議題，為雙邊對話和合作提供有力法律架構，也強化兩國在國防、執法、反恐、海上安全等議題上的承諾。

位於澳洲西北海岸的達爾文皇家空軍基地，是澳洲舉辦「漆黑」（Pitch Black）多國聯合軍演的重要基地，每屆都會聚集來自世界多國的軍機。

六甲海峽遭到封鎖，也就等於扼住東亞國家的海線交通與經濟命脈，對中國的影響更是不在話下。

因爲印尼掌控這些戰略航道，且會直接影響到印太區域的經貿發展，無形之中就奠定了印尼身爲東南亞區域共主的政治與戰略地位，各國因此都試圖與印尼保持友好且穩定的關係，澳洲也不例外。

儘管目前澳洲在安全上將中國視爲挑戰與威脅，並積極拉攏印尼，然而印尼對於中國、美國、英國、印度、澳洲等區域外國家都是一貫採取「不結盟」與「等距外交」策略來因應，並不會特別傾向澳洲一方。

再者，與中國維持緊密的經貿合作一直是印尼的重要利益，儘管印尼與中國仍存有南海主權爭議，且印尼當地也不時因中資爭議而導致排華與**反中事件**發生，但印尼都刻意保持低調不影響中國的關係。**在經貿利益優先與多邊交好爲當前東南亞區域共識之前提下，澳洲與印尼之間因中國因素而觸發關係緊張的機率其實並不高。**

另外，東南亞地區在二戰後人口增長快速、經濟蓬勃發展且具廣大市場潛力，澳洲在一九七四年就與東協國家建立對

話機制關係；當時澳洲是地區上經濟強權，對東南亞的區域經濟援助多過區域經濟合作。

但如今國際形勢已大逆轉，不僅東協國家的國民生產總值大大超越澳洲，其經貿發展也幾乎全面轉向中國；**自二〇二〇年起，東協更成爲中國在該地區的最大貿易夥伴，澳洲對於東協國家而言，在經貿上已經不如半個世紀以前那樣重要。**

澳洲眼光四
對東協釋出經濟誘因，抗衡中國魅力進逼

值得注意的是，自二〇二〇年新冠疫情爆發以來，澳洲開始瞭解到高度依賴中國市場已經讓其外交政策失衡，因而不得不做出調整。所以，澳洲總理艾班尼斯政府自二〇二二年五月執政後，因應中、印都積極在東南亞擴大影響力，澳洲加速推動與東南亞國家外交與經貿關係，外交貿易部和商務部也都特別設立專職東南亞地區事務的辦公室。

隨著中國的政治、經濟和軍事影響力在印太地區不斷擴大，東南亞地區正逐漸成爲中美兩強權戰略競爭高地。無論是白熱化的南海主權爭議，或是緊繃的台海兩岸關係問題，都可能導致國際衝突。對此，澳洲在地緣政治上很難視而不見，更無法置身事外並獨善其身。

身爲美國傳統堅定的盟邦，澳洲在美國印太戰略架構中，不僅一邊深化與美

名詞解說

印尼反中事件

中國是印尼第三大國外直接投資來源地，大量中資企業湧入設廠，並引進大批中國勞工，排擠在地就業機會。中資設廠也引發環保、土地利用、遷村、勞工權益等多項議題，加上管理文化引人詬病，工廠暴動不斷，猶如二〇〇〇年後在中國深圳發生的一系列血汗工廠縱火與罷工事件的翻版，重創中國在印尼社會的形象，社會發生各種抗議、罷工等反中事件。

作為太平洋島鏈防線最南端的戰略國，澳洲自詡擔任好美國在太平洋區域的「副警長」角色。圖為澳洲軍艦停靠在距離雪梨不遠處的烏路毛路（Woolloomooloo）碼頭。

國安全合作，還一邊加速擴大與東協國家關係，然而，並非所有東協國家都願意強化與澳洲的關係。因爲中國目前已經是該地區最具政治、經濟和戰略影響力的國家，多數東協國家也已體認到中國在該區域所發揮的重要經濟作用，所以大都認爲不應該像澳洲一樣捲入美中之間的戰略競爭。

澳洲爲強化自身角色，二〇二四年三月，與東協國家在墨爾本舉行「東協─澳洲特別高峰會」（ASEAN-Australia Special Summit 2024），聚焦南海安全之共同利益，並宣布未來四年將投資六千四百萬澳元（約新台幣十三億元），促進東南亞地區安全與繁榮，也宣布提供二十億元澳幣投資基金（約新台幣四百二十八億元），支持東南亞國家綠色能源轉型與基礎建設。

澳洲在這場高峰會中對東協釋出經濟誘因，目的不外乎就是爲了拉攏東協國家，以共同抗衡中國在印太區域步步進逼的外交軍事作爲與經濟魅力攻勢（charm offensive）。因爲隨著中國影響力的擴張與威脅，澳洲有必要在東南亞區域建構友好關係，而這也是澳洲經貿與安全利益之所在，所以與「親中」的東協國家爲敵或對抗並不符合澳洲現實利益。

歐盟眼中的東南亞

同為區域性國際組織，親近東協，是歐盟親近東南亞的方式。「雙盟」都想掙脫美中競爭的漩渦，互相的戰略布局就更有合拍和想像的空間。

文／張孟仁（輔仁大學義大利語文學系副教授兼系主任、外交暨國際事務學程召集人）

歐盟眼光一
互爲第三大貿易夥伴，可多層次合作

歐盟與東南亞的關係，也可看成是歐盟和東協的關係。歐盟和東協是目前世界上罕見的大型區域性國際組織，但二者的制度化與整合程度卻有很大的差異。在高整合度的歐盟眼中，東協是個具有多元戰略層次與功能的合作對象。

歐盟和東協的關係可追溯到一九七七年歐盟成爲東協「對話夥伴」（Dialogue Partner），緊接著在一九八〇年雙方簽署**《東協—歐洲經濟共同體合作協定》**後正式制度化。二〇一二年通過「東協—歐盟強化夥伴關係行動計畫（二〇一三到二〇一七年）」，包含政治安全、經濟貿易、社會文化等三大面向，雙方關係更具體化。

此外，歐盟爲促進東南亞的和平、安全與穩定加入《東南亞友好合作條約》，成爲首個加入的區域組織。

名詞解說

《東協—歐洲經濟共同體合作協定》(EEC-ASEAN Countries Cooperation Agreement)

為一九八〇年，歐洲經濟共同體與東協創始國（印尼、馬來西亞、菲律賓、新加坡、泰國）間簽訂的商貿、經濟與開發合作協定。協定擬出商業、經濟與發展合作的目標，希望致力促進雙邊貿易、投資與商業，而且這個協定將雙邊對話領域設定為政治、經濟、社會文化及發展合作等全方位面向。

二〇一六年歐盟首次對東協派駐大使，以深化雙邊關係。二〇一七年舉辦雙方建立對話關係以來四十週年紀念，並通過「東協—歐盟行動計畫（二〇一八到二〇二二年）」。二〇二〇年十二月一日，雙方在第二十三屆東協—歐盟部長級會議（ASEAN-EU Ministerial Meeting, AEMM）上，將對話關係提升至「戰略夥伴」。**換言之，「東南亞」對歐盟在地緣政治上的重要性產生了轉折點。**

此外，歐盟於二〇一九年與新加坡，以及二〇二〇年與越南簽署自由貿易協定，更於二〇二三年三月十五日與泰國重啟自二〇一四年中斷之自由貿易協定談判，其用意乃藉強化與印太地區之合作以分散對中國之依賴。**歐盟與東協互爲對方的第三大貿易夥伴，歐盟爲東協第三大外人投資來源。**

歐盟眼光二

經貿去風險，掙脫美中競爭漩渦有力盟友

在二〇二三年七月召開的東協外長會議上，歐盟外交

歐盟一直是東協整合取經的對象，包括歐元統合、以 24 種語言召開歐洲議會等。圖為位於德國法蘭克福的歐洲中央銀行總部，建築前裝置著名的歐元標誌。

暨安全政策高級代表（歐盟外長）波瑞爾（Josep Borrell）曾表示：在中美競爭的背景下，儘管歐盟與東協相距遙遠，但都需要「多樣化」且與更多夥伴建立更緊密的關係，力求在政治和經濟領域「去風險」。**波瑞爾的言論點出了歐盟視東南亞爲掙脫美中競爭漩渦的有力盟友地位。歐盟眼中的東南亞具備經貿去風險與戰略功能。**

從歐盟的大戰略來看，東南亞在印太地區占據關鍵地緣位置，爲太平洋與印度洋之間的重要航道。東協以政治安全、經濟、社會文化三大支柱進行整合，是東南亞最重要且具影響力的區域組織，份量無法等閒視之。**地緣政治的主要國家欲插旗印太地區無法忽視東協，歐盟亦然。**

歐盟對東南亞的期待更可從歐盟的印太轉向看出端倪。在國際格局發生急劇變化的情勢下，歐盟於二〇二一年九月發布**「歐盟印太合作戰略」**，力求實現「戰略自主」，無意成爲美國附庸，設法降低中美競爭帶來的風險，成爲「地緣政治」的參與者，而非淪爲祭品。

「歐盟印太合作戰略」提及東協次數高達三十一次，直接點出「東協中心性」原則的重要性，顯示東協在歐盟印太戰略上有其核心位置。

此外，歐盟也藉由成立於一九九六年的亞歐會議（Asia-Europe Meeting, ASEM）**，來排除美國與亞洲國家建立制度性關係。亞歐會議已成爲歐盟實現亞洲戰略最重要的區域間論壇。**歐盟以亞歐會議來加強歐洲在亞洲的經濟存在感，

名詞解說

歐盟印太合作戰略

歐盟主張「保持一個自由和開放的印度洋—太平洋」，穩定發展歐盟與印太地區的合作關係，在有規則的國際秩序與共同的價值上，深化和印太區域組織的合作，強化歐盟海軍的穩定交通線。

總體目標是保護歐盟的全球競爭力和經濟安全。

歐盟眼光三
三大戰略重點，東西合拍

歐盟加強與東協的關係有三個戰略重點：

第一，有助歐盟紓解及分散歐盟供應鏈危機。東協全球天然氣出口第四大供應方，有助緩解歐盟能源供應鏈在俄烏戰爭之際的風險。其次，越南、馬來西亞製造的電子產品在某種程度上可取代中國，提供歐盟對中國「去風險」。

第二，歐盟與東協的戰略調性合拍。歐盟致力於維持戰略自主性，東協亦不願被迫選邊站。雙方在印太地區的戰略面已有很大共識可以避免區域走向兩極化。

第三，加強與東協的經濟合作可推廣歐盟價值觀和治理模式、加強歐盟的影響力。從東南亞周遭地緣性來看，東南亞是各方勢力競逐的焦點，歐盟嘗試在多方勢力中突圍。二〇二二年二月，法國作爲歐盟輪值主席國，邀請數十位印太國家和地區組織代表召開了歐盟主導的首屆部長級印太合作論壇，利用歐盟二〇二一至二〇二七年跨年度金融架構的資金投資十四億歐元，促進與東協的戰略夥伴關係，重點包括綠色和可持續發展、良治、人權、安全與國防能力等領域。

相較其他國家印太戰略，歐盟更注重人權、民主價值，將充實印太地區的規範面論述。二〇二二年十二月歐盟與東協召開夥伴關係四十五週年聯合高峰會，歐

歐盟外交政策負責人波瑞爾（Josep Borrell）作風強悍，他一再強調，「歐洲必須學會使用權力的語言」，利用包括軍事在內的一切工具來應付全球挑戰。

盟提出在歐盟「全球門戶」（Global Gateway）的計畫架構內對東協投資一百億歐元，聚焦再生能源轉型、數位轉型等基礎建設。

歐盟眼光四
獲東協青睞，地緣政治上的「第三選擇」

未來東南亞與歐盟關係的可能性有幾種。

東協—歐盟升級至「戰略夥伴」，意味著提升夥伴關係的承諾，可定期召開領袖層級的高峰會，加強經濟整合、安全合作、連結性與永續發展上的合作。

此外，歐盟透過支持東協領導的機制，包括東協區域論壇、東協防長會議、東亞高峰會，推進具有法律拘束力的《南海行爲準則》。同時強化「加強亞洲存在和與亞洲的安全合作」計畫下的活動，涵蓋反恐、網路安全、海洋安全與危機管理。

歐盟與東協彼此都了解對方可成爲地緣政治的「第三選擇」。

根據新加坡智庫尤索夫伊薩東南亞研究院調查報告，東協將歐盟與日本視爲最青睞與信任的戰略夥伴，有助於避險美中對抗情勢。

簡言之，歐盟和東協的最大貿易夥伴多年來都是中國，但因俄烏戰爭和中國的以商逼政，導致兩邊都想降低對中國的經濟依賴；另一方面，歐盟和東協對美國的安全依賴也相對增加，只要美中對立深化，歐盟和東協都會不堪其擾。**歐盟會以不尋求跟中國直接衝突的方式，成爲東協的後盾。**

名詞解說

全球門戶 (Global Gateway)

由歐盟發起的投資全球基礎設施全球戰略，計劃在二〇二一至二〇二七年由歐盟投入巨額投資，於全球範圍發展綠色轉型、數位轉型、經濟可持續發展、醫療保健、教育等。此一計畫被視為是在與中國「一帶一路」相抗衡。

《南海行為準則》

二〇一八年，中國與東協各國在東亞高峰會中，為營造解決南海紛爭的氛圍，達成有關國家在南海不占據尚未占據之島礁、在南海限制軍事活動、相互通報對南海地區產生影響的重要政策等共識。

5 當代東南亞現場

地緣政治重整，供應鏈重構，向來是大國合縱連橫重要場域的東南亞，已成為當代國際外交動盪與繁榮交融之處。

毒品、詐騙、海盜與恐攻等沉痾，為東南亞發展的隱憂。南海博弈、極端氣候、債務陷阱、聖戰微型化則是東南亞隱隱拍翅的黑天鵝。

東南亞地緣政治正急遽轉變，想看清時勢，最簡單的方法就是從「現況」、「問題」、「未來挑戰與黑天鵝」、「問題可能解方」四大面向入手，環環相扣，掌握全局，洞見未來。

泰國曼谷驕傲大遊行，
選美皇后轉首凝眸，
顧盼神飛，好不嬌俏。
多元豐富，
正是當代東南亞的傾城魅力，
在時代機運中，
人人都能展現自己，
百業皆能布局當下盛世。

一個東南亞，兩個世界。
緬甸鎮壓少數民族羅興亞人，
形同種族清洗。
大量難民扶老攜幼，
逃往印尼、馬來西亞、孟加拉等
周邊國家，
各國卻因遵守
互不干涉內政的「東協默契」，
拒絕羅興亞人進入。
聯合國直接批評，
這場人道危機
根本是「冷酷無情」的產物。

東南亞現況 全球瘋搶，驚爆中來到轉捩點

地緣政治重整，地緣經濟活絡，加上「東南亞元」貨幣跨境支付系統推行，整個東南亞同時走到政治驚爆點和經濟轉捩點。

文／陶雨融

地緣政治版圖

大國合縱連橫，小國各有盤算

長期以來，東南亞一直是大國合縱連橫的重要區域，也是當代國際外交動盪與繁榮交融之處。將區域國家含括在內的東協屹立於此，是全球不可忽略，甚至各國大強權皆試圖滲透、影響，乃至相互抗衡的場域。

當代東南亞的地緣政治版圖是：

在中國「一帶一路」與美國「印太戰略」的主架構下，印尼和馬來西亞追求「不結盟」運動，避免與其他國家有太深的聯盟，但都加入中國的「一帶一路」倡議。菲律賓近年外交轉向，堅定與美國結盟；「小強國」新加坡依賴美國主導的區域秩序。

汶萊在經濟上與中國保持聯繫，努力在南海問題達成妥協。柬埔寨、寮國和泰國較親中國，緬甸對中國態度則較反覆，但有親中的跡象。越南因爲南海議題

名詞解說

雅萬高鐵

印尼興建完成的高速鐵路，連接印尼兩大城市雅加達與萬隆，原本高鐵是日方提案，但因為高鐵項目問題未有進展而擱置，後來中國以五十億美元標下此案，該鐵路是東南亞第一條高速鐵路。

中國在東南亞最想得到的戰略利多是開通克拉地峽運河，藉以解決「麻六甲困境」。地峽附近的克拉武里河（Kraburi River）顯示，只要打通山脈，克拉地峽運河工程難度並不高。

與中國時而有所摩擦。

在大國競逐中，東南亞國家面臨必須對自身利益做出取捨的困境；他們都追求與大國合作的雙邊利益，但也知道可能會犧牲更廣泛的區域利益作爲代價，因此東協內部才會有擺盪在美中兩大陣營間步調不一致的情形。

中國的經濟和軍事影響力不斷增長，透過國有銀行和主權財富基金支持，幫助東南亞國家爲大型基礎設施進行融資，並建立跨國經濟走廊、多模式陸海運輸路線、油氣管道、電網等網絡，在把觸角伸展出去的同時，也分散中國的地緣政治風險。中國亦鼓勵國內企業參與這些投資，一帶一路在印尼所興建的**雅萬高鐵**便是一例。

但中國經濟遭逢困境，輔以後疫情時代全球反中浪潮興起，北京在東南亞下的大棋，挑戰重重；美國結束「繞道中東」（Middle East Detour）戰略後，啓動「回到亞洲」印太戰略，全球都意識到亞洲將決定未來數十年國際政治發展。

《外交政策》曾評析，解放軍在南海及周邊地區的行爲，迫使印度和東南亞國家加強合作，以制衡中國。印度與越南達成武器協議，支持菲律賓在南海主權爭端的權益，並加強與印尼的防務

合作。雖這些合作關係尚未達到聯盟級別，也未有重要軍事部署，但趨勢業已日益明顯。

地緣經濟體質

年輕勞動人口，新供應鏈應許之地

東南亞擁有超過六億人口，勞動力和消費力都很龐大。東協整體GDP位居世界第五大經濟體，經濟成長領先許多國家。

根據二〇二三年的數據，東南亞二十歲至五十五歲主要勞動人口超過三・二億人，年輕人口對新事物和電子商務的接受度高，推動消費增長。

中產階級也不斷增加，促進服務業的發展；波士頓顧問公司（BCG）預計，到二〇三〇年，東南亞中等收入和富裕家庭數量每年將增長五％。曼谷、雅加達等東南亞**巨型城市**崛起，則帶動基礎設施的巨大需求。

近年，東南亞也成為「新供應鏈應許之地」。**根據經濟學人智庫（EIU）二〇二四年報告指出，隨著全球投資人對中國投資興趣降溫與供應鏈持續轉移，二〇二五年東南亞經濟體的外國直接投資（FDI）總量將超越中國**。

在中美科技戰持續下，蘋果加速將供應鏈轉移到越南、泰國等國；戴爾正逐步淘汰中國製造的晶片和零件，惠普則要求供應商在東南亞和墨西哥建立產能。

根據《日經亞洲》的分析顯示，在越南的三十五家蘋果供應商中，約有三七％來

名詞解說

巨型城市

泛指規模特別巨大的城市，國際上通常認為巨型都市的都會區人口數量需要超過一千萬，聯合國統計局將巨型都市定義為城市密集區的人口至少需要達到一千萬人，聯合國預測二〇三〇年時世界將有五分之三的人口生活在都市裡。

大樓如雨後春筍冒出，不斷改寫巨型城市雅加達的天際線。為了解決人口膨脹與區域發展失衡的問題，印尼政府決定將首都改遷到1400公里外的努山塔拉（Nusantara）。

自中國及香港。

另外，三星、LG和富士康，也在越南、泰國、印尼等國擴大產能。愛迪達、Nike、H&M等服裝和紡織大廠將部分生產線轉移到越南、柬埔寨。豐田、本田、福特等汽車製造商在泰國、印尼、馬來西亞等國投資生產。輝瑞、葛蘭素史克等製藥公司在新加坡、馬來西亞等國擴大產能。

東南亞是全球供應鏈轉移的主要受益地區，台灣的對外投資結構也因此有所改變。

根據二〇二二年數據，台灣對新南向國家的投資額已超過對中國的投資，達到五十二·七億美元，而對中國的投資則爲五十·五億美元。

六國參與，走和歐元不一樣的路

「東南亞元」機制

爲避免全球金融動盪與風險，東南亞國家積極推進金融和經濟一體化。其中，二〇二三年建立的二維碼區域跨境支付系統是重要措施之一，不同國家民眾拜訪其他國家時，只需掃描QR碼，就能使用當地貨幣支付商品與服務，

資金可以在不同的數位錢包之間自由轉移。這項支付系統已有新加坡、印尼、泰國、馬來西亞、菲律賓和越南六國參與，預計未來將擴展至東協所有成員國。

這套被稱爲「東南亞元」的機制，有可能使東南亞不再依賴美元與人民幣作爲中介貨幣，而是由東協各國央行協議決定費用和匯率，方便參與國家之間的貿易結算、投資、匯款和其他經濟活動，並在東南亞地區建立共同的金融生態系統。

亦有報告指出，中小型企業是這套機制的主要受益者。根據亞洲開發銀行的數據，超過九〇%的東南亞企業爲中小企業，他們可以因此省下維護實體銷售點系統的費用，或減少向發卡公司支付交換費用的成本。

近來許多新的非銀行電子交易平台也開始投入富饒的跨境支付市場，並在東南亞地區取得大幅度進展。隨著跨境電子商務、貿易和區域經濟快速發展，市場的餅也愈做愈大，潛力十足。

綜合言之，東南亞二維碼區域跨境支付系統雖與「歐元」的形式不同，但已成爲區域最重要經濟戰略。

外幣兌換小亭在泰國觀光勝地街頭隨處可見，為外國旅客增添便利性。但「東南亞元」實施後，東南亞參與國的民眾只需攜帶數位錢包，就可免去匯兌的麻煩，自在遊走、消費。

當代東南亞問題 國力、續航力、社會犯罪

國力不一，供應鏈續航力未知，海盜與恐攻議題仍在區域內騷擾，東南亞勃發向上的同時，不穩定因素也活潑地進化著。

文／陶雨融

多議題交織

各國彼此是競爭者，供應鏈續航力待解

當代東南亞交織著政治、國力、供應鏈續航力、社會犯罪等多元議題，考驗著此一地區的韌性。

在政治問題方面，東南亞各國的政治體制多元，從民主國家到專制政權都有。某些國家面臨強人政治和權力集中的問題，腐蝕國家民主化進程與政府透明度，導致政府濫權、腐敗和官僚主義，進而削弱行政效率，阻礙經濟發展。

除此之外，東南亞各國是彼此的經濟競爭者。每個國家都希望吸引外國投資、促進出口和提升國家競爭力。競爭可能表現在加強基礎設施建設、推出投資優惠政策、提供更具競爭力的商業環境等正面的方向，但也可能導致部分國家透過不合情理的**貿易保護主義**，甚或非法競爭行為來爭取優勢。

在國力問題方面，各國基礎建設發展程度不一，給了中國資金機會，以貸款

名詞解說

貿易保護主義

指一個國家，對進口產品設定較高關稅、限定進口配額，或減少產品進口額度，讓本國的產品和服務在本國市場上免受外國的競爭。

形式投資港口、公路、鐵路和電力等建設，提高東南亞國家債務負擔與風險；加上許多建設通常是引進中國勞工到當地，未能創造本地就業機會，連帶也使用中國製造的材料和設備，無法發揮以公共工程建設帶動國內經濟成長的效果。

在供應鏈續航力方面，雖然供應鏈大舉撤離中國，但有可能只是把東南亞當作避險「中繼地」，不會永久投資。要國際品牌完全捨棄中國市場和供應鏈仍有難度，許多企業只把東南亞當作是應對地緣政治風險、分散風險的投資地，而非是打算完全替代中國的產能。因爲全球仍很難找到像中國一樣同時能兼顧成本、產量和品管的生產基地，即使企業轉移了部分生產線，中國依然是全球製造業的重要中心。

除了中國因素之外，東協供應鏈的體質亟需提升。以物流爲例，超限（Out Of Gauge）和散裝（Bulk Cargo）運輸問題是東協港口普遍存在的課題；文化和語言障礙導致溝通不良或物流延誤的情形也不少見。

社會議題沉痾

毒品兼詐騙，海盜加恐攻

在社會議題方面，東南亞幅員廣闊，毒品走私、人蛇集團、跨國詐騙犯罪、海盜、種族清洗、恐怖攻擊等沉痾，生根已久。

以毒品議題爲例，位於緬甸、寮國、泰國交界地帶的「金三角」幾乎已是全

名詞解說

KK 園區（Shwe Kokko）

位於緬甸苗瓦迪的詐騙園區，又稱「AA 園區」，距離泰國美索機場僅 12 分鐘車程，許多東南亞、台灣、中國人口被人蛇集團誘騙至此地工作。園區被外界指控有進行人口販賣、器官販賣、強迫詐騙轉賣等非法活動；遭誘騙來此工作的人員被吸毒，進一步限制行動，協助進行跨國詐騙。

球毒品生產地的代名詞。雖然周邊地緣國家多次下達禁毒令，但效果有限。

毒品在緬寮泰三國各有不同地下管道往外輸送，近年地方政府破獲案件雖然不低，但只要有一個國家監管不到位，毒品仍能源源不絕往外運輸，生產很難禁絕。尤其緬甸政局動盪，使得國界內的販毒集團愈發猖獗。

柬埔寨與緬北的詐騙園區也十分盛行，並形成跨國詐騙產業鏈。中國、印度、台灣、日本等國皆有民眾遭誘騙至該地工作，並利用網路和電話，以各種語言向海外進行詐騙。詐騙園區還涉及人口販賣、女性與兒少性剝削等議題，不只重創地緣形象，也為東協帶來不穩定的因素。

以緬甸境內知名的「**KK園區**」為例，中國民間將此處稱為「最黑的地方」，即使在中緬泰三國協調下，該園區曾經釋放一千多名詐騙嫌疑人，但園區幫派勢力龐大，二〇二三年中緬兩國宣示打擊電信詐騙聯合執法時，附近的警察局即遭到無人機炸彈攻擊，挑戰執法無極限。

海盜議題也是東南亞隱隱的痛。根據全球保險公司安聯集團發布的《二〇二四年安全與航運回顧》顯示，雖與三十年前相

東南亞本身同時是製造業基地與貿易要道，物流需求加速成長，連世界第二大港口新加坡，也面臨碼頭處理量能不足的窘境。泰國和馬來西亞已爭相擴建碼頭，競逐物流運輸市場。

比，國際海盜事件已大幅降低，但東南亞仍是全球損失熱點。

台灣交通部航港局在二〇二〇年曾公布「受海盜或非法武力威脅高風險海域」範圍地圖，東南亞受海盜或非法武力威脅高風險海域包括南海、菲律賓、印尼、暹羅灣、麻六甲海峽、新加坡海峽等地。

恐怖組織橫行，更是東南亞社會的不定時炸彈。

二〇〇二年首次峇里島爆炸事件後的十餘年間，東南亞各國加強反恐合作，削弱大型恐怖組織，但這些組織迅速分裂成小分支或重新組合，改採「微型小組」活動。

近年，「伊斯蘭國」和「基地組織」兩代聖戰組織彼此激烈競爭，東南亞本土恐怖主義活動也隨之更加分裂化。雖然微型團夥的破壞力較小，但卻更難以預防。

例如，在伊斯蘭國影響下，開始有女性參與自殺式襲擊，暴力極端主義從個人向家庭蔓延，常常有一整個家庭都是聖戰組織成員的情形。二〇一八年印尼泗水連環自殺式爆炸襲擊，嫌犯就是家庭成員共同參與。

2002 年 10 月發生在印尼峇里島庫塔海灘的爆炸案，造成 202 人喪生，為東南亞恐怖攻擊與反恐運動揭開序幕，峇里島特別設立爆炸案紀念碑，提醒人們和平有多麼脆弱。

東南亞未來挑戰 四大黑天鵝隱然拍翅

東西冷戰雖然在歐洲開始和終結，卻是於東南亞爆發最激烈的戰火。如今，冷戰遺緒並未消失，只是以新的面貌重新浮現。

文／陶雨融

地緣政治黑天鵝

南海博弈失控，擦槍走火或全球戰略再平衡

東南亞面臨的黑天鵝可能有四隻，且已隱隱拍翅，包括地緣政治、地緣經濟、國家債務和社會動亂。

東南亞最怖懼的黑天鵝，首推南海地緣政治衝突。相關國家在主權與經濟海域的聲索行動中，每一次引爆摩擦，都可能造成地緣博弈失控；輕則引發全球性的戰略再平衡，重則導致難以收拾的全球性震盪。

而且，南海糾紛也嚴峻挑戰著國際法治和多邊秩序。雖然二〇一六年荷蘭海牙的國際常設仲裁法庭針對南海主權爭議已做出裁定，也就是中國主張的「九段線」沒有法律基礎，違反《聯合國海洋法公約》的規定；中國在南海干擾菲律賓漁船、修建人工島等行動，都是侵犯到菲律賓在其專屬經濟區內的主權權利。

但是，中國不只直接拒絕承認仲裁法庭的管轄權，還多次與菲律賓軍隊發生摩

名詞解說

水砲

泛指一種可以發射高速水柱的裝備，可將大量的水投射到數公尺外。一般水砲可用於清洗大型車輛，在鎮暴或衝突現場，還可用來強力驅離。

擦，此舉加速菲律賓與美國、日本的軍事合作，以及台灣與菲律賓的海巡交流。

特別值得關注的是，台海局勢雖然緊繃，卻鮮少有水砲射擊、船隻衝撞、暴力登船等情事。但二〇二二年菲律賓總統小馬可仕上任，對中國南海擴權行為的態度轉趨強硬，中國的「灰色地帶」行動就更為變本加厲，口頭上聲稱「主權在我、擱置爭議、和平解決、共同開發」，實際上積極填海造島，並對菲律賓船隻採取衝撞、尾隨、水砲攻擊等手法，毫不手軟。

二〇二四年六月，中國先是由海警人員衝撞菲國補給仁愛礁坐灘軍艦的船隻，斧刃齊飛；七月再施以「輿論攻勢」，發布《仁愛礁非法「坐灘」軍艦破壞珊瑚礁生態系統調查報告》，聲稱菲律賓坐灘仁愛礁破壞當地生態，但卻對中國大肆填海造島的環境扼殺行為隻字未提。

地緣政治黑天鵝

報復美菲肩並肩，離間東協內部一致性

許多分析稱，中國加速灰色地帶行動是對美菲「肩並肩」大型聯合軍演的積極反應。二〇二四年四月，美菲「肩並肩」軍演在南海舉辦三週，演習被視為目標針對中國的人造島行動，項目包括奪回島嶼控制權、擊沉目標船隻等。中國除了派出南部戰區海軍驅逐艦實戰演訓，互別苗頭，也在該年六月展開實質報復，升高南海衝突。

名詞解說

雲壤海軍基地

位於柬埔寨暹羅灣沿岸的半島上。雖然中柬兩國一再否認，但根據西方媒體取得的衛星照片顯示，中國軍艦已常駐此處，便於探測美軍在南海的行動。一般咸認，這是中國在非洲吉布地取得第一個海軍海外基地後，所成立的第二個海外基地，是「一帶一路」的重要中繼站。

菲律賓駐美大使羅慕德斯指出，菲中兩國的仁愛礁爭端已勢如水火，成爲印太最危險的衝突熱點。他甚至提及地緣強權各自擁有核武實力，毀滅性武器（核武）是非常眞實的威脅。

許多分析也稱，南海主權爭議是中國離間東協的絕佳場域。理論上，東協國家應對攸關領土主權與經濟海域的南海爭議保持一致的立場，但中國利用柬寮二國與越南間的地緣天敵關係，並積極施予金援，使得不在聲索國行列中的柬寮有支持中國擴張南海勢力的傾向。

最明顯的例子是，早在二〇一六年國際常設仲裁法院仲裁中國「九段線」違反《聯合國海洋法公約》前，中國即策動汶萊、柬埔寨、寮國發表聲明，堅持爭議應由當事國通過對話協商解決，「杜絕」國際法庭介入裁決。二〇二四年，中國與菲律賓、越南在南海幾乎上演全武行之際，中國同時與柬埔寨展開史上規模最大的「金龍－二〇二四」聯合軍事演習，中國軍艦利用雲壤海軍基地的新碼頭，在靠近南海爭議的水域大肆演練，引發周邊國家與美國的擔憂，也離間東協內部的一致性。

地緣經濟黑天鵝

極端氣候衝擊，資源分配不均

地緣經濟的黑天鵝則表現在全球經濟放緩、潛在金融風險、公共投資不

南海衝突日益激烈，菲律賓海軍的部署動見觀瞻。菲律賓馬尼拉南港停靠的丹轆級船塢登陸艦「丹轆號」(BRP Tarlac LD-601) 和「南納卯號　」(BRP Davao del Sur LD-602)，均為南海軍事走台步的要角。

足、地域或城鄉失衡、微型經濟失調、獨角獸斷角、氣候變遷等面向。

雖然東南亞情勢看好，但受全球經濟放緩影響，以出口貿易爲主的東南亞經濟備感壓力，區內部分國家長期高負債，有資產泡沫化等金融風險。

氣候變遷與**極端天氣**，如洪水、乾旱等氣候災害的加劇，更是對東南亞國家的經濟發展構成嚴峻挑戰。

其中，二〇一一年的泰國水災是極端氣候最典型的案例。該年七月，泰國連續暴雨讓各地淹水，全泰七十六個府，就有五十個府受洪水波及。不只養殖漁業損失慘重，工業生產也因此停滯。曼谷緊急啓動防洪系統，但仍多處淹水，被稱爲「曼谷大水」或「慢海嘯」。包括豐田及本田車廠、威騰電子在內的外資生產線都受到波及，泰國損失總額超過GDP的一%。

另外，東南亞部分國家存在貪腐、官僚主義等治理問題，假新聞亂竄、弱勢群體權益保障不足，加上宗教、種族矛盾等因素，導致社會動盪。二〇二〇年爆發的新冠疫情，就凸顯了公共衛生及資源分配的嚴重問題。

基礎建設投資不足，影響區域經濟一體化進程和整體競爭力，再加上多數國家內部城鄉與地域發展差距擴大，加劇社會矛盾。人口高齡化、人才流失、能源與與資源供給危機，則侷限了產業轉型升級的能力。教育資源城鄉差距大、各國間應對共同挑戰時協調力度不足、貧富差距持續擴大、數位化轉型緩慢導致的數位鴻溝，都可能構成未來的發展隱患。

名詞解說

極端天氣

泛指一般天氣嚴重偏離以往的形態，可能造成暴雨、淹水、熱浪和旱災等天災；倘若極端天氣頻繁發生，可能帶來更大的破壞。

債務陷阱

債務國在獲得債權國刻意放出的大量貸款後，因財政狀況，無法履行債務義務僅能勉強負擔利息，無力償還本金。外交上的債務陷阱，貸款多是用於公共建設，貸款是支付給債權國的工程承包商。中國「一帶一路」已造成多國陷入債務陷阱。

極端氣候為東南亞地緣經濟埋下不確定的陰影，2011 年泰國嚴重洪水，不只讓大型工業區受災嚴重，曼谷都會區也必須出動軍人協助民眾在淹水的馬路上出入。

債務陷阱黑天鵝
讓渡主權，引「黃賭毒」惡質經濟入室

中國的「一帶一路」被稱為中國最大膽進取的外交戰略，也設下全球最大的**債務陷阱**，估計至少二十個國家受害。且由於「一帶一路」內容含括政治、經濟、融資、基礎建設等領域，環環相扣，踏入陷阱的國家幾乎是被連環扣住命脈。

在印太地區，繼斯里蘭卡和巴基斯坦之後，「一帶一路」投資最多的東南亞國家也成為最新受災區，不只必須以「讓渡主權」的方式，允許中國國安人員與警察在境內活動，還「引狼入室」，讓「黃、毒、賭」等惡質經濟在境內坐大。

東南亞最慘債務陷阱國為寮國。二〇二三年，寮國債務總額占GDP的一〇八%，外債的一半全集中在中國。亦即，中國若不答應減債，寮國幾乎已在中國控制之下。更嚴重的是，寮國是東南亞的水力發電出口國，國家部分電網已由中國掌控，中國也等於掌握了東南亞多國的

電力供給命脈。

另外，柬埔寨也是受害國家，中國投資的多項機場、海港建設成爲爛尾樓。柬埔寨正積極轉向與日本、韓國、馬來西亞、印尼、越南洽談投資，企圖降低中國的影響力。但柬埔寨境內由中國介入的詐騙園區已經舉世聞名，跨境電信詐騙、線上賭博、人蛇集團、器官活摘、性剝削等惡質產業無所不包，已嚴重影響國家聲譽和外資投資意願。

參與「一帶一路」的東南亞國家還包括印尼、泰國、越南等，只要是中國參與投資的公共建設，均被視爲「未爆彈」。而近來與中國衝突加劇的菲律賓反而慶幸自己率先放棄「一帶一路」投資計畫。

社會議題黑天鵝

「聖戰」微型化，召喚個人不滿

東南亞社會的黑天鵝拍翅聲不斷，一九九八年印尼排華暴動，讓在印尼掌握經濟資源的華人心有餘悸；馬來西亞也存在著反華情緒。泰國王室宗教化，政府動輒使用軍事力量鎮壓民主聲音。緬甸軍事政變震驚全球，對羅興亞民族則進行種族清洗。柬埔寨的犯罪及詐騙集團，已經是整個亞洲的不定時炸彈。但這些還比不上宗教極端主義蔓延更難解決。

如同全球恐怖主義的發展，在東南亞亦能見到極端宗教社會敘事透過網路召

名詞解說

聖戰

這一詞語是出自阿拉伯語，意思是「盡一切努力」或是「竭力奮戰」。因許多伊斯蘭極端組織多自稱自己是師出宗教正義，才發動「聖戰」，所以在國際政治中提到聖戰時，常直接聯想到與「極端主義」或「恐怖組織」有關。

寮國龍坡邦被聯合國列為世界文化遺產，保有清晨僧侶沿街托缽的傳統。但中寮鐵路經過此地，寮國政府又打算斥資遷村興建大壩。國際社會擔心寮國不只會身陷債務陷阱，也會讓文化遺產消失殆盡。

喚心懷不滿的個人，讓廣大的群衆與極端網路組織建立了橋樑。例如，「伊斯蘭國」就透過媒體機構針對東南亞民衆展開宣傳活動，特別是馬來西亞和印尼的穆斯林群體及個人，鼓勵當地支持者就地實施暴力「聖戰」，並以打擊各國政府爲目標。

「伊斯蘭國」的東南亞支持者和同情者在社交媒體上十分活躍，爲招募創造了有利環境。至此，地方分裂主義叛亂活動與全球「聖戰」恐怖主義充分合流，菲律賓南部的叛亂活動便是伊斯蘭國支持者所發動，加上外國聖戰分子不斷湧入，使菲律賓成爲區域內極端活動的中心，恐怖主義與地區問題交織，加劇動盪及不安。

東南亞恐怖主義組織，主要有：

◆**阿布沙耶夫組織**（ASG）**：**源自菲律賓南部的伊斯蘭分離組織，活動範圍包括菲律賓、馬來西亞和印尼。慣以綁架外國人勒索贖金、爆炸等手段製造恐慌，目標包括政府機構和平民，是東南亞地區最活躍的恐怖組織之一。

◆**莫洛伊斯蘭解放陣線**（MNLF）：起源於菲律賓南部，爭取莫洛民族自治或獨立的武裝組織。曾發動過多起武裝衝突，造成大量平民傷亡。近年分裂出更加激進的新組織，如阿布沙耶夫等。

◆**紅色高棉**：一九七〇年代統治柬埔寨的極端政治組織，曾犯下反人類罪行。如今雖然已瓦解，但仍有殘餘分子活躍於東泰邊境地帶，偶有發動爆炸襲擊、綁架等恐怖活動。

◆**印尼伊斯蘭解放陣線**（JAT）：由曾效忠IS的激進組織伊斯蘭祈禱團（Jemaah Islamiyah, JI）分裂而來。以推行伊斯蘭教極端主義爲目標，曾策劃過多起爆炸襲擊，與東南亞及中東其他恐怖組織有聯繫。

各國政府和國際機構需要加強區域合作，採取有效的經濟政策和調整措施來應對這些黑天鵝風險，增強區域的抗風險能力。

上：應對恐怖攻擊，是印尼警方的重中之重。圖為 2016 年雅加達街頭交通警察哨所被炸彈攻擊後，印尼警方處於戒備狀態。

下：印尼受「聖戰微型化」所苦，街頭常可見到伊斯蘭國的黑色旗幟被畫成壁畫，號召激進者加入。

東南亞問題可能解方 重合作，化身第三大勢力

東南亞要解決諸多挑戰，唯一方法是找到有共識的議題，共同合作，藉以形成有效的全區域一致化基礎，讓自己化為強大勢力，不再只能當擺動的竹子。

文／陶雨融

緊密對話與合作

能源合作，能源貿易

東南亞國家更緊密的對話與合作，應是一切挑戰的可能解方。例如，在主權爭議上保持一致化立場；在反恐、毒品走私、人口販運等跨國犯罪活動上，加強情報共享和執法合作，確保即時預警和打擊區域內的恐怖活動，只有上下聯動、全面發力，東協才能築牢反恐的地區安全根基。

另外，能源議題是東協通往全區整合的有效橋樑之一。

東協意識到能源議題的魅力，制定了「二〇二五年再生能源目標」，旨在將再生能源在總能源消費中的占比提升到二三％。越南、泰國、馬來西亞已加快太陽能、風電等清潔能源的開發步伐，並通過區域合作降低投資成本，提高整體競爭力。

二〇二〇年，東協成立一個由多方參與的信託基金，「東南亞能源轉型夥伴關

名詞解說

東協電網
(ASEAN Power Grid)

由馬來西亞、印尼、汶萊與菲律賓所成立，目前東協電網和「跨東協天然氣運輸管線」（Trans-ASEAN Gas Pipeline）互相連結成一整套能源系統。成立東協電網的用意是藉由電網的連接，就實現綠能永續發展。據東協能源中心估計，東協電網在二〇五〇年以前若要完成擴大使用再生能源的目標，還需要四百七十七億美元的資金。

係」（The Southeast Asia Energy Transition Partnership, ETP），專注推動東南亞地區的再生能源、能效提升和可持續基礎設施發展。ETP的主要資金來源包括政府和慈善基金會。政府出資方擴大到東協以外的澳洲、加拿大、法國、德國、英國等國家。

東南亞國家間目前已存在電網與水資源合作，能源開發合作可以爲全區協作建立範本，例如加強可再生能源開發、區域電網互聯、能源貿易等。一些成員國開始參與跨境電力貿易，如寮國向泰國、柬埔寨出口水電。東協還建立了區域性天然氣貿易市場，如馬來西亞與新加坡間的天然氣管輸建設。東協也制定**「東協電網」**，柬埔寨—寮國、越南—柬埔寨、寮國—泰國等多條跨境電網已經建成，電力互聯互通能力不斷提升，不僅促進了區域內的電力資源共享，也爲未來實現更廣泛的能源貿易創造條件。

二〇二二年，新加坡爲了達到能源供應多元化的目標，宣布從寮國進口最高再生能源電力，且電網中途會經過泰國與馬來西亞，等於是東協電網展開探路工程，整個計畫被稱爲「寮國—泰國—馬來西亞—新加坡電力整合計畫」（LTMS-PIP）。

若東協電網能擺脫中國、印度等域外國家的掌控，有機會形成自己的「能源烏托邦」。

除了軍事與外交硬實力，東協的人才教育軟實力，是區域發展的重要基石。

區域內第三大勢力掌握未來命運，不取決於大國盤算

東西冷戰雖然在歐洲開始和終結，但卻在東南亞地區爆發了最激烈的戰火，從越戰到柬埔寨內戰，東南亞一直是當代政治外交上動盪與繁榮交融之處，尚未止歇。

整體看來，爲了利用中國崛起和美國轉向所帶來的機遇，東南亞國家需要在地緣政治競爭中團結起來。但這並不容易，因爲該地區國家有陷入了博弈理論所認爲的典型「囚徒困境」的風險，因此必須建立起彼此間的深度信任，方能擺脫危機。

東協國家雖然很擅長在大國競爭中避險，藉著強國的摩擦或協作，汲取自身利益。但如同倫敦政經學院教授基欽（Nicholas Kitchen）所言，如果東南亞不願該區域的未來都得取決於超級大國的利益盤算，就需要徹底改革，才能能夠成爲區域政治的強大第三勢力，建構強大的實力和組織來緩和或主動處理美中之間在該區域的競逐。

泰國紅衫軍，當代東南亞民主化運動的象徵

2005 年，在泰國爆發的「紅衫軍運動」，是東南亞民主化運動的代表，也是泰國政治惡鬥的縮影。據估計，這場社會動盪在一年內造成 5000 億泰銖（約 160 億美元）的經濟損失，政治與經濟餘波至今仍未散去，成為外商投資泰國的心理陰影。

紅衫軍運動的起因是，被歸類為挑戰泰國保守勢力的前總理塔信，突遭泰國出版業大亨林明達指控收受 35 億泰銖回扣，塔信的軍隊與政治勁敵伺機而動，引爆泰國政治危機。

倒塔信派人民民主聯盟組成身穿黃衫的「黃衫軍」上街示威，要求塔信下台，與支持塔信政府的「紅衫軍」民眾對峙。一時間，曼谷街頭拒馬密布，橡皮子彈和煙霧彈亂飛，民眾情緒高亢，整個首都陷入巨大騷動，國際投資者忐忑不安。

2006 年 4 月，塔信接受泰王蒲美蓬建議，宣布辭去總理一職。2011 年，塔信的妹妹盈拉挾著高度民意支持，當選泰國總理，被視為塔信勢力班師回朝。2014 年泰國皇家陸軍總司令帕拉育將軍發動政變，逼迫盈拉下台。2023 年，與塔信家族親近的賽塔當選總理，泰國政壇歷經一次又一次的輪迴。

6 名家銳眼看東南亞

東南亞成為兵家必爭之地，台灣要如何找到理解東南亞地緣的切入點？

國際關係、潛在衝擊、政治經濟、軍事國防，各家的分析與論證，提供推敲路徑。思維與時俱進，掌握更加深入。

【國際關係】

竹子外交智慧——在搖擺中追求自主，靈活獲益

竹子般柔軟，已成為東南亞各國的外交特色。「竹子外交」概念起於西方殖民時期的泰國，今日整個區域都風行這套智慧。

文／劉必榮（東吳大學政治學系教授）

竹子外交智慧一

擺動列強之間，但不會折斷

東南亞是個充滿魅力的地方。

從歷史來看，中華文化和印度文化在東南亞留下的歷史軌跡，加上美國、西班牙（菲律賓）、法國（越、柬、寮）、英國（緬甸、馬來西亞、汶萊、新加坡）、荷蘭（印尼）、葡萄牙（東帝汶）在此競逐留下的殖民遺產，豐富了東南亞的文化樣貌。

從宗教來看，天主教、佛教、伊斯蘭教，都在這裡有廣大信眾，多元種族與多元信仰，讓東南亞兼容並蓄。

從自然環境來看，東南亞南北走向的山脈，決定了東南亞的經濟發展路徑。當然更重要的，是「海洋東南亞」與「大陸東南亞」兩塊，構成東南亞地緣政治的骨架。

越南雖是共產國家，但經濟改革之後，在外交與產業策略上展現極大彈性，胡志明市的繁華說明國家治理採彈性智慧的正面效果。

「大陸東南亞」指的是中南半島。西方殖民時期，法國由東往西進，英國由西往東進，到泰國就停住了。泰國是東南亞唯一沒有被殖民的國家，這也是泰國最引以自豪之處，他們把這個外交叫「風中之竹」（Bend With The Wind），意思是泰國的身段可以柔軟，在列強之間擺動，但不會折斷。

越南現在也在中美之間左右逢源，二〇二三年拜登和習近平相繼訪問越南，把越南外交的成功推到高峰。越南也躊躇滿志地仿效泰國，稱自己的外交爲「竹子外交」（Bamboo Diplomacy）。竹子的柔軟已成爲東南亞外交智慧的代名詞。

竹子外交智慧二
列強競相爭取，增添東南亞外交企圖心

東南亞國家之所以必須在大國之間靈活擺動，跟它漸成爲大國的必爭之地有關。東南亞年輕、中產階級人口不斷增加，加上資源豐富，美中貿易戰開打後，供應鏈從中國南移，很多就落腳東南亞。

就地緣政治來看，美日印澳等海權國家，要在印太地區拉出一條圍堵中國的弧線，就不能少了東南亞。中國用一帶一

路突破海權國家的封鎖、台灣用新南向政策平衡對中國大陸的過度依賴、韓國的新南方政策、印度的東進政策，甚至俄烏戰爭前俄羅斯透過歐亞經濟聯盟聯繫越南，瞄準的都是東南亞。大家都不想在東南亞的競逐中缺席。

東南亞也有與世界聯繫的歷史與宗教脈絡。冷戰時期，越南和印度都曾是蘇聯的盟國，所以印度和越南現在還有軍事合作的關係。而越南和印度又都跟中國打過仗，所以越印的軍事合作就很有故事了。

宗教則是另一個紐帶。印度要進入東南亞，與緬甸、泰國、越南等建立關係，靠的就是佛教國家的網絡。伊斯蘭教國家方面，馬來西亞、印尼在以色列和哈瑪斯的戰爭爆發後，頻頻發聲支持巴勒斯坦，想爭取東南亞伊斯蘭教國家在伊斯蘭教世界話語權的企圖心也相當明顯。

列強的競相爭取，讓東南亞國家的外交有了更強的企圖心，在進行對外交涉時也更有底氣。所以當我們想進東南亞跟他們談投資條件時，會發現愈來愈難談，因爲他們的選擇愈來愈多。在這同時，東南亞國家也愈來愈需要在列強之間周旋，這樣才能既爭取最大利益，又能維持東南亞國家在區域政治的中心地位。

竹子外交智慧三

從搖擺中獲益，不明確選邊站

前面講的竹子外交是一個例子，另一個靈活擺動的例子就是新加坡。

名詞解說

帶路倡議

即「一帶一路」的倡議，包括「絲路經濟帶」以及「21世紀海上絲路」，是中國大國外交的核心戰略。中國宣稱，帶路倡議是「旨在加強區域互聯互通，擁抱更美好的未來」。

李顯龍擔任總理期間主張等距外交政策，深刻影響了新加坡的國家戰略的對外關係。對於中國強勢爭逐南海主權，新加坡也秉持一貫原則，不願涉入爭端。

新加坡位於麻六甲海峽的出口，屬於「海洋東南亞」。新加坡作爲海上航線的樞紐，一向奉行在大國之間維持等距外交的政策。**海洋東南亞和中國最大的衝突就是南海衝突，但李顯龍不只一次表示，東南亞不應介入美中的對抗。但是新加坡不是南海的聲索國。**

同屬海洋東南亞，但是南海聲索國的菲律賓，就沒有新加坡這麼淡定。小馬可仕向美國緊緊靠攏，代表的是海洋東南亞的另一種選擇。大陸東南亞也有一個國家向中國緊緊靠攏，那就是柬埔寨。柬菲兩國剛好成爲清楚的對照。

海洋東南亞的印尼，是人口最多的伊斯蘭教國家，也是東南亞最大的國家。它雖不是南海的聲索國。但是強調以海洋爲支點的戰略布局，讓印尼的外交動向備受矚目。**中國帶路倡議在東南亞的投資，最多的金額就投在印尼，印尼則避免在各個陣營中選邊。雅加達顯然也很享受作爲搖擺國家所獲得的外交利益。**

東南亞不甘願活在中國勢力範圍的陰影下，可是也不願做美國的馬前卒與中國對抗。它要自主，強調東協優先，但在經濟現實的考量下，又必須和中國保持良好關係。這是東南亞地緣政治的現實，也是台灣與東南亞交往時必須有的認識。

【潛在衝擊】

假新聞亂竄——揭弊精神，長出諾貝爾和平獎的智慧與勇氣

假新聞亂竄，已成東南亞社會普遍的隱憂，在選舉期間尤為嚴重。東南亞的「事實查核」機制也發展得特別早、特別健全。二〇二一年諾貝爾和平獎還特別頒給設有事實查核部門的菲律賓獨立媒體《Rappler》共同創辦人瑪莉亞．瑞薩。

文／陳慧敏（台灣民主實驗室資深策略顧問、前台灣事實查核中心總編審）

潛在衝擊一

選舉狂潮，諾貝爾和平獎得主也難招架

跟台灣同屬新興民主國家的東南亞國家，民主之路充滿荊棘，尤其在選舉期間，各陣營強人擅長使用兩手策略，一方面透過立法、司法、警政等系統，借打擊「假訊息、假新聞」之名，壓制言論自由，對付異己，限縮公民社會的空間；另一方面又把手伸向網路社群，利用網軍打造自身形象，傳播假訊息，操弄輿論和民意，大吸選票。

最受爭議的事件即發生在菲律賓。杜特蒂當權期間，以查稅、興訟等手段對待揭弊的菲律賓媒體和事實查核組織《Rappler》共同創辦人**瑪莉亞．瑞薩**（Maria Ressa），同時透過傳播網路假訊息，進行抹黑和人身攻擊。

瑞薩挺身抵抗杜特蒂，帶領團隊持續揭弊的獨立精神，讓她和俄國獨立媒體新報總編輯德米特里．穆拉托夫（Dmitry Muratov）在二〇二一年同時獲得諾貝

名詞解說

瑪莉亞．瑞薩（Maria Ressa）

過去在CNN擔任東南亞首席調查記者，二〇一〇年曾公開批評菲律賓總統艾奎諾三世對人質危機的處理。二〇一二年創辦新聞網站《Rappler》，在二〇一八年被時代雜誌選為年度風雲人物之一，此後也曾公開批評菲律賓總統杜特蒂而遭到逮捕。

菲律賓總統在競選期間遭事實查核組織指稱發布大量假訊息，企圖美化家族形象，洗白歷史。但其父馬可仕和母親伊美黛（圖中）的貪腐形象舉世聞名，伊美黛甚至坐擁過大量珠寶、收集超過一千雙鞋子。

爾和平獎殊榮。

但菲律賓的假新聞問題與事實查核環境，並未因諾貝爾獎的到來而有所改善。

在二〇二二年的菲律賓總統選舉期間，前獨裁者馬可仕之子小馬可仕（Ferdinand Romualdez Marcos Jr.）搭檔前任總統杜特蒂女兒薩拉．杜特蒂（Sara Duterte）競選，與對手競爭正副總統，期間就遭菲律賓事實查核組織指稱，透過臉書、Tik-Tok、YouTube 等平台發布大量假訊息，宣傳和美化家族形象，否認馬可仕的貪腐和侵害人權行爲，輕易洗白歷史，並攻擊對手。

潛在衝擊二
貓狗齊出籠，洗白爭議歷史

二〇二四年印尼總統大選的情節也與菲律賓類似。印尼正副總統**普拉伯沃**（Prabowo Subianto）與吉伯朗（Gibran Rakabuming Raka）在選戰期間，運用 Tik-Tok、LED 看板和 Instagram，拍攝軍事強人普拉伯沃用笨拙跳舞、眨眼、比愛心、收養貓咪的相關影片，把人設打造爲「愛貓的可愛阿

公」，成功洗白了曾涉及一九九八年排華暴動及參與鎮壓一九九〇年代東帝汶獨立運動的不光彩行為，順利吸收到選票。

在東南亞，專制的當權者最擅長也最常使用的是社交媒體宣傳，並利用假訊息造謠的行動者。科技平台曾揭露報告指出，發現緬甸軍方設置一批操弄仇恨言論的假帳號，誤導民眾相信「緬甸的佛教徒可能被非法移民種族滅絕，民眾需要軍隊保護」。

另外，國際媒體也曾引用文件，揭露二〇二〇年一起泰國軍方使用Twitter帳號發動資訊操弄，對付爭取改革王室並要求解散國會的泰國學生抗議者。

在民主尚未成熟的體制下，東南亞的事實查核組織展現頑強抵抗力，設法讓社會成長出民主韌性。例如，菲律賓除了《Rappler》，還有《Vera Files》、《法新社》菲律賓分支等組織；印尼媒體《Tempo》等多家媒體都另設事實查核部門，也有擅長技術開發和媒體識讀的《Mafindo》查核組織。

潛在衝擊三

官派查核組織成隱憂，公民共學媒體識讀

不過，東南亞國家的當權者在陸續體會到「事實查核」政治影響力，由強人掌舵的政府組織近年來紛設由官方主導的查核組織，藉以與公民團體比拚。

這些東南亞特殊政治場域衍生的「官派查核組織」，在二〇二〇到二〇二三

名詞解說

普拉伯沃 (Prabowo Subianto)

與佐科威的兒子吉伯朗贏得二〇二四年的總統大選，為印尼第八任總統。普拉伯沃過去曾任職印尼特種部隊司令，因涉及一九九八年排華騷亂暴動而備受爭議，當時輿論稱普拉伯沃在幕後指揮暴動，普拉伯沃卻堅決否認這項指控。

媒體識讀

指一般民眾找尋適合自己目的和需求的方式來取用、分析、評估的能力，有利於判讀各種假新聞和偽資訊。

年的疫情期間，透過提供準確且即時的疫情訊息，獲得公衆信賴，但也擠壓民間查核組織的空間。

直到各國大選登場，官方主導的查核組織或是很少觸碰政治議題，或是繞開政治火線話題，完全不去監督、也完全繞開當權者的弊端，成爲民主社會的另一種隱憂。

東南亞的民主深陷假訊息攻擊，甚至到了「歷史被竄改和掩蓋」的嚴峻情勢，要能捍衛民主，就靠強悍且不屈不撓的媒體工作者、事實查核記者和公民。

菲律賓、印尼、泰國等國家的查核組織，在惡劣的政治情勢下，仍不斷透過跟在地媒體串連協力，查核組織之間共學，一步一腳印實踐媒體識讀，以深耕社區，甚至還運用網紅來宣傳。

因爲他們深信，只有撐住了「眞實的線」，守護資訊韌性，才能撐開公民社會空間，創造出民主韌性，讓國家順利地擺脫荊棘，繼續在民主之路往前邁進。

印尼總統普拉博沃在選戰期間，把自己打造成「愛貓的可愛阿公」全新人設，顛覆過往軍事強人形象，在造勢場上也吸引大批支持者聲援。

【政治經濟】

全球政經「新蜜月期」——脫鉤中國，牽手東南亞

外資逃出中國，在地緣上相接近的東南亞成為最佳去處。為了布局中國之外的新未來，美國政府與國際企業勤跑東南亞，儼然進入新蜜月期。

文／邱師儀（東海大學政治學系教授）

政經蜜月期一

低階晶片需求旺，東南亞成爲脫鉤中國首選

從烏俄戰爭以來，西歐國家始終無法把對俄羅斯的能源依賴斷乾淨，這顯示出外界對俄羅斯的經濟制裁影響有限，也有難度。此一態勢鼓舞了普丁，讓他可以打一場比外界預期成本還低的戰爭。

普丁的例子鼓舞了中國國家主席習近平。中國手上有**低階晶片**讓世界各國難以戒斷。根據統計，到二〇二七年，中國將控制全球六成的二十奈米至四十五奈米的晶片生產，以及七成五傳統晶片的生產。但這也給美國一個很大的警訊，一旦美國依賴中國的低階晶片，北京就有機會在美中衝突加劇時切斷晶片的供應。

雖然手機與超級電腦所需的八奈米或更小的最先進晶片大多來自於韓國與台灣，與國防及AI發展有較直接的關係；但是中國製造的低階晶片也涉及汽車、洗衣機、太陽能、飛彈等產品的運作，美國除了要調查與戒用這些晶片之外，拜登

名詞解說

低階晶片

也被稱為「成熟製程」或「傳統低階晶片」，晶片尺寸為二十八奈米或更大，採用的是十至二十年前已經發展出來的技術，應用範圍以家電、汽車、軍事裝備為主。中國是低階晶片生產大國，可輸往美國和全球市場。

川普發動的貿易戰，讓半導體供應鏈走向「低階晶片」與「高階晶片」兩個分化嚴重的世界。

政府也針對中國進口的低階晶片課以川普時代就訂下的二五％以上關稅。

換言之，美國對中國的「降險卻不脫鉤」政策，實踐到晶片領域時，其實是更嚴格的，可以說目標仍在「脫鉤」和「戒斷」，而且不僅高階晶片要做到，低階晶片也不能放過。

美國對於低階晶片有很大的需求，因此把訂單需求轉往東南亞就是一個新選項。爲此，美國官方在「印太戰略」架構下，特別與印度、菲律賓加深軍事結盟，布局政治與經濟前路。

政經蜜月期二
逃中資金新去處，白宮帶著企業勤拜訪

中國的不可預測性也讓許多資金設法「去風險化」，盡量撤出中國，改奔東南亞投資。光是在二〇二二年，東南亞國家的外資即達到二千二百二十五億美元，約新台幣七兆六千億元。而中國在二〇二三年年底的外資卻出現一百一十八億美元赤字，這是一九九八年金融危機後，第一次赤字這麼多。

從中國流出的熱錢較少前往拉丁美洲、非洲等替代區域，主要目的地仍是與中國在地緣上較靠近的東南亞和印度。

印度已經取代中國成爲世界人口最大國，經濟前景備受看好。而東南亞的人口也持續成長，印尼與越南年輕勞動人口競爭力強勁，馬來西亞、新加坡、菲律賓則具備英語優勢。整個東南亞經濟成長率隨之看俏。

仔細觀察東南亞的產業聚落，從一九九〇年代起，外資到東南亞主要是以勞力密集的產業爲主，包括食品、成衣、製鞋、紡織與電子組裝等。但二〇一八年後，隨著川普打壓中國力道加強，東南亞的產業產生量變與質變，中游製造廠開始增加，包括被稱爲「電子產品之母」的印刷電路板、半導體生產及封測、電動車與周邊商品等。

在美國亟欲擺脫中國廉價低階晶片時，晶片供應鏈只要帶著技術和產線前進東南亞，該區域能化身新時代理想低階晶片供應地，因此美國政府就積極帶著自家企業勤跑東南亞。以越南爲例，拜登於二〇二三年九月訪問越南後，美國晶片製造商美滿公司（Marvell）和電子自動化新思科技（Synopsys）立即表達投資越南的意願。在資金出逃中國的背景下，中國工資飆漲，動輒祭出關稅及進出口禁令，也導致外資在中國的生產成本提升。一推一拉間，更加速中國生產線被東南亞取代取代的速度。

政經蜜月期三

經濟互動是雙向，東南亞掀赴美IPO潮

名詞解說

首次募股發行（Initial Public Offering, IPO）

企業第一次透過證卷交易所發行公司股票，並將股票出售給一般投資人的募集方式。投資人透過認購持有公司股票來成為公司股東，而這個募股發行過程會讓原本的私人公司轉變成上市公司。

創立於2017年，有「越南特斯拉」之稱的Vinfast為越南新創電動車產業，原先Vinfast專注於傳統汽車，但2021年以後轉向電動汽車的生產及研發。

經濟的互動與互賴是雙向的，當外資大舉進入東南亞布局產業鏈，在東南亞致富的新創產業也赴美公開首次募股發行（IPO），例如有「越南特斯拉」之稱的 VinFast，以及**「越南小騰訊」VNG，都相繼前往美國透過 IPO 募集資金。**

東南亞企業赴美透過 IPO 籌集的資金規模已達約一億美元左右，在二〇二五年之前籌資腳步呈現倍數加快。但中國在美 IPO 則逐步退燒，二〇二三年在美總額爲四．六三七億美元，雖比二〇二二高一些，但對比二〇二一年的一二九．六億美元和二〇二一年的一二四．八億美元，可以說是跌至「億元單位個位數」。

當然，東南亞作爲蓬勃發展的新興市場，出現外資洶湧潮與新富階級，不會讓人意外，但後面不是沒有挑戰。

即使是前進東南亞多年的台商，想要落地生根，進而獲利，都需數年磨合。東南亞國家在經濟快速起飛之際，也和印度一樣，面臨技術人才短缺、土地飆漲、水電及基礎設施不足等問題，甚至外資在進入新市場後，才發現當地經商文化與勞動觀念和歐美企業的期待差異甚大。**可見，資金和供應鏈想要遷移，也必須把企業適應成本考量進去。**

【軍事國防】

美中爭相聯合軍演——東南亞軍事實力總盤點

東南亞各國的軍事力量普遍不強，長期與區外強國簽定安全協定來維持安定。近年基於對中國的疑慮，開始積極添置新武器，不斷舉辦聯合軍事演習。

文／翟文中（國防安全研究院國防戰略與資源研究所助理研究員）

一九七五年四月，越戰結束，其後除了一九九七年的東南亞金融風暴外，東南亞國家在國際政經領域的角色可說微不足道。直到近年中國在南海展開擴權行為，加上美中對抗「去中化」引發的產業鏈轉向，東南亞國家才再度重返國際政經舞台。

軍事實力總盤點一

軍事裝備現代化程度，新加坡居區域之首

在東南亞國家中，綜合國力居首的是新加坡，其後依序為印尼、泰國、馬來西亞、越南等國。根據瑞典「斯德哥爾摩國際和平研究所」（Stockholm International Peace Research Institute, SIPRI）揭露資料顯示，東南亞國家在二〇二三年總體國防支出為四百七十八億美元，較前一年度減少一．六%，占全球軍費總支出二．〇%。當年度軍費躋入全球前四十大的東南亞國家包括了位列二十三名的新加坡、二十七名的印尼與三十八名的泰國，排名均落後於位列二十一名的台灣。

名詞解說

斯德哥爾摩國際和平研究所（Stockholm International Peace Research Institute, SIPRI）

瑞典研究衝突、軍備以及縮減軍隊的國際獨立機構，為政治決策者、研究員、大眾媒體、民眾等服務對象，提供數據資料、分析相關數據及建議。

F-35 戰機

由洛克希德．馬丁公司設計的第五代戰鬥機，主要用於部隊支援、目標轟炸、防空截擊等任務。衍生出三個版本的機型，有採用傳統跑道起降的 F-35A、垂直起降的 F-35B，以及作為艦載機的 F-35C 等。

根據「全球火力」（Global Firepower）網站進行的二〇二四年全球軍力排名，東南亞各國的排名為越南位居二十二名，泰國位居二十五名、新加坡位居三十名。統計資料顯示，東南亞各國投入軍費的多寡與其整體國力息息相關，兩者順序相同證明存在著正相關。

這項評估把部隊人數與設施數多寡等因素也納入，由於新加坡部隊規模較小，軍力排名似不及越南與泰國，但新加坡的軍事裝備現代化程度其實是東南亞諸國之首。**在可預見未來，隨著東南亞經濟實力的增長，各國在國防預算的投入也將相應增加，各國戰力提升指日可期。**

軍事實力總盤點二
疑慮中國海軍，海洋東南亞添置新武器

近年來，東南亞國家積極進行軍事現代化的國家多為「海洋國家」，反映出這個區域對中國海軍日益擴張感到疑慮與不安。

二〇二四年二月，新加坡宣布添購八架 F-35A 戰機，連同先前購買的十二架 F-35B 戰機，配合已服役的 F-15 戰機、空中加油機與空中預警機等，新加坡擁有東南亞區域最強的空中打擊

新加坡軍力雖不及越南與泰國，但其軍事裝備現代化程度是居於東南亞各國之首，圖為新加坡舉行國慶期間，一輛裝甲車在遊行隊伍中繞行慶祝。

新加坡添購美軍 F-35A 戰機，穩坐東南亞區域最強的空中打擊戰力寶座。

力量。

印尼也積極地進行海空兵力現代化計畫，包括採購二十二架法製飆風戰機、二十四架美製 F-15 戰機，與二架空中巴士 A-400M 運輸機，並且在一艘潛艦發生事故後，立即向英國採購一艘潛艦救難艦。

馬來西亞則購入二架義大利 ATR-72 MPA 海洋巡邏機、三艘土耳其「島嶼級」巡邏艦，與十八架南韓製 FA-50 輕型戰機。

此外，泰國與越南分別從中國與俄羅斯引進 S-26T 與 K 級潛艦，用以提升水下作戰能力。以上不過列舉大概，海洋屬性東南亞國家的海空兵力提升計畫持斷開展，趨勢方興未艾。

另一方面，陸地屬性的東南亞國家由於國力相對有限，加上並未面對海洋權益衝突，所以兵力發展多以地面部隊為主。

軍事實力總盤點三

國防靠強國安全協定，聯合軍演不斷

在東南亞各國中，除了印尼與新加坡擁有少量國防工業，其餘國家軍事裝備幾乎完全仰賴進口，武器的提供者主要為美、法等西方國家，中國也對少數國家提供軍備。

較為特別的，南韓國防工業近年快速崛起，出口至東南亞國家的武器包括了

名詞解說

聯合軍事演習

泛指規模較大的軍事演習，可以是一個國家內的不同軍種所共同進行的大規模軍事演習，或是不同國家的軍隊所共同進行的大規模軍事演習。

潛艦與輕型戰機等過去被西方國家壟斷的作戰載台。

東南亞各國的軍事力量普遍不強，無論是因爲殖民遺緒、冷戰對抗或是自身安全需求，採用的策略多是和區外軍事強國簽訂安全協定，例如，《美菲共同防禦條約》、《五國聯防協議》等。因此，**聯合軍事演習**對東南亞國家來說並不陌生。**定期舉行的聯合演習，包括美菲的「肩並肩」演習、美泰的「金色眼鏡蛇」演習等。越來越多的區域外國家包括日本、韓國、法國與澳洲等，近年也積極地參與前述兩項由美國主導的聯合軍演。**

而除了美國之外，中國也不遑多讓，與東協國家的泰國進行過雙邊海軍與空軍聯合軍演，也與越南、寮國、泰國、柬埔寨、馬來西亞進行多國聯合演習。例如，二〇二三年十一月在中國廣東湛江舉行的「和平友誼—二〇二三」演習。

較特別地，中國參與的軍演多以反恐與打擊海盜等「非戰爭軍事行動」演練爲主；美國主導的軍演，操練項目則更加地實戰導向，例如兩棲作戰、反潛作戰、網路防禦與實彈射擊等。這種區別或許源自於中國與他國間並無安全協定，美國與東協部分國家則存在著軍事同盟關係。

二〇二三年九月，東協會員國在印尼舉行了首次聯合軍事演習，排除了區域外其他國家參與，演習內容則以人道援助與災害防救爲主軸，並非針對任何假想敵進行軍事對抗。**因此，東協國家雖同時與中國、美國**

印尼總體國防支出排名全球第 27 名，在東南亞僅次於新加坡，軍容整齊，擔任區域共主的企圖心強烈。

進行軍演，卻不致出現任何角色錯亂的矛盾，東協國家在這種情況下亦難發展成爲類似北約的集體防衛組織。

軍事實力總盤點四
與美國軍事合作升溫，泰星菲有美軍

目前，東協國家與美國安全關係較爲密切者，應屬泰國、新加坡與菲律賓。這些國家都有少許美軍部隊駐紮，也開放若干基地供美軍使用。新加坡的**樟宜海軍基地**甚至可供美國海軍航空母艦停泊，這裡不僅後勤維修設施完善，同時也位處海洋扼制點，未來將成爲美國印太戰略的重要樞紐。

爲了對抗中國軍事擴張，美國與菲律賓的軍事合作也有逐漸升溫趨勢，菲國近期甚至提供了一個靠近台灣的基地供美軍使用。

即使如此，由於東南亞國家在地緣政治與經濟上與中國的關係盤根錯節，要完全扈從美國，唯其馬首是瞻的可能性也不高，東南亞國家應該會持續採取平衡戰略，在中美兩國間縱橫捭闔爭取最大利益。不過，不可諱言，她們的軍力相較中國仍過於懸殊，需要美國提供「延伸嚇阻」作爲安全承諾。

就中長期來看，東南亞的軍力現代化無法改變當前區域的軍力失衡，能產生的地緣戰略價值也有限，美國在東南亞的軍力展示與堅定決心才是確保東南亞安全穩定的關鍵要素。

名詞解說

樟宜海軍基地

位於新加坡東部的海軍基地，該基地是人工港灣，可提供美國航空母艦停靠、後勤補給等支援，是東南亞最重要軍事戰略基地之一。

7 台灣的觀點可以是

東南亞與台灣近在咫尺，僅一衣帶水之隔，相望時卻又如千山萬里。

台灣人為什麼要瞭解東南亞？東南亞地緣政治和台灣有什麼關係？中美兩國貿易加速脫鉤，外資與供應鏈為了去風險化，蜂擁前往東南亞，台灣到了再次思考新南向政策的關鍵時刻？

全球最多青年勞動力的地方，成為投資設廠的熱點，台灣應不應該大舉南向？

透過總體布局、國防安全、經貿投資三組提問，可以激盪台灣人的東南亞地緣政治觀。

視角起步：台灣需要新南向政策4.0版？

中美兩國貿易加速脫鉤，外資與供應鏈為了去風險化，正從中國大舉撤退，改蜂擁前往新應許之地東南亞與印度，台灣似乎又來到思考新南向政策「4.0版」的時機。

文／陳尚懋

台灣政府與企業布局東南亞由來已久，如果把李登輝總統任內的「南向政策」視爲「1.0版」，其後，南向政策又有兩次重要進化。第一次進化是陳水扁總統時的「新南向政策」，可視爲「2.0版」；第二次進化是蔡英文總統任內更全面性的布局，可視爲「3.0版」。

過去基於語言與文化的便利性，台資企業只是將東南亞當作「備位」，首選地一向是世界工廠中國。

一九八七年，台灣解嚴，政府開放赴大陸探親，許多台商藉此前往尋求投資機會。在兩岸互動尙未法制化，台商的投資權益無法獲得保障之際，時任總統李登輝爲分散投資風險，於一九九四年初提出《加強對東南亞地區經貿合作綱領》，鼓勵台商轉赴東南亞發展，可視爲「南向政策1.0版」。**但是，隨後在一九九七年七月二日爆發了亞洲金融風暴，東南亞多國經濟受損嚴重，且出現排華動亂，台商只好紛紛撤出，「南向政策1.0版」宣布告終。**

二〇〇〇年，民進黨陳水扁總統重提南向政策；同年七月，陳水扁出席「亞洲台灣商會會議」時表示，政府將透過具體措施鼓勵台商投資東南亞，避免台灣經濟對於中國的過度依賴。但這個「南向政策2.0版」，因爲中國迅速崛起的磁吸與群聚效應，反向吸收了先前因爲亞洲金融風暴撤守東南亞的台商，政策未能發揮預期綜效。

二〇〇八年，國民黨馬英九以西進取代南向，東南亞的重要性暫時被擱置。

直到二〇一六年民進黨蔡英文上台後，再次推出強調與東南亞關係的「新南向政策」，標舉出更全面的「經貿合作」、「人才交流」、「資源共享」、「區域鏈結」四大面向，台灣南向政策終於進化爲「3.0版」。特別強調「雙向」與「多元」，希望能透過免簽或便利簽證夠讓更多東南亞的民眾走進台灣，達到雙向互動與認識。

至今一共三波的南向政策，共通點都是政府爲了平衡西進所採取的重要區域發展策略。尤其蔡英文執政後期，全世界政經結構出現巨大轉變，新南向政策剛好也成爲台灣回應全球地緣政治變化的重要區域政策。

此刻，面對東南亞新局，台灣應該要有「4.0版」的南向政策應對？掌握宏觀視野，台灣人必須再度形成更清晰的自我洞見。

全球布局東南亞，總統賴清德將採什麼樣的新南向策略，政策走向動見觀瞻。

總體布局：台灣如何擘劃東南亞崛起？

台灣規劃南向政策已有多年，當全球爭相布局東南亞，蔡英文政府已為台灣奠定了什麼基礎？賴清德政府又能有哪些突破？

文／陳尚懋

供應鏈安全議題　東協中心性 vs 台商轉赴東南亞

Q1 當前東南亞擁抱新一波利多，這對台灣有何意義？

二〇一八年中美貿易戰開打，中國輸美商品被課徵二五％額外關稅，在中國生產的企業面臨出口成本暴增而苦不堪言。

隨後，二〇二〇年新冠疫情開始，中國執行嚴密封控政策，許多企業生產的貨物無法及時運出，在原先已大幅上漲的土地與人力成本上，又再增添高昂的運輸成本。

二〇二三年進入後疫情時代，供應鏈安全的議題終於浮上檯面，各國對於中國製造的信心開始下滑。

上述因素加總，最終導致「中國＋1」（China plus one）成爲企業全球布局的重要策略，原本設在中國的生產基地紛紛尋找其他出處，而與中國鄰近的東

名詞解說

東協中心性 (ASEAN Centrality)

東協、美國「印太戰略」、中國「一帶一路」等，都強調「東協中心性」，即東協必須發展一致對外的經貿政策、由自己主導建置區域戰略。但當美中都強調「東協中心性」時，即域外勢力希望東協能把外交中立往己方傾斜，反而凸顯出東協以成為各方拉攏與競逐的焦點。

南亞自然成為首選目標，包括大陸東南亞的越南、泰國，以及海洋東南亞的菲律賓、印尼等。

另一方面，在疫情結束後，全球出現一股反中浪潮。歐美等民主理念相同之國家，團結力抗中國與俄羅斯的威權體制勢力。東南亞位居第一島鏈的關鍵地緣位置，自然成為中美兩國競逐的重要拉攏對象。

從歐巴馬上台後推動的「重返亞洲」（Pivot to Asia）與「亞洲再平衡」（Asia Rebalancing），到川普與拜登強推的「印太戰略」（Indo-Pacific Strategy），皆強調**「東協中心性」**（ASEAN Centrality）的重要。

目前東協已經與五個國家建立最高等級的「全面戰略夥伴關係」（Comprehensive Strategic Partnership），分別是澳洲（二〇二一年）、中國（二〇二一年）、美國（二〇二二年）、印度（二〇二二年）與日本（二〇二三年）。**除了中國以外，另外四國皆是民主陣營的重要夥伴。**

在經貿層面，東南亞因為「中國＋1」而成為企業優先考慮的**投資目的地，台灣同樣也因此而受惠，將生產基地從中國移轉至東南亞，也帶動提升台灣前往東南亞的投資金額。**

新冠疫情暴露出中國製造的脆弱性，不只國際企業供應鏈出逃，中國企業的生產基地也外移東南亞避險。

小英版新南向　平衡西進 vs 台海情勢國際化

Q2 蔡英文八年，改變了哪些台灣與東南亞的關係？

東南亞的戰略價值在後疫情時代獲得彰顯，台灣在地緣政治的重要性也在俄烏戰爭之後提升。

台灣有事，全球有事，台灣成爲民主國家陣營抗中的前沿，間接被納入東南亞重要安全戰略夥伴。尤其是小馬可仕執政下的菲律賓，多次與美國及其他盟國在台海附近進行「肩並肩」聯合軍演，表達對台海議題的關切。

綜上所述，東南亞這幾年在政治經濟上的重要性不斷提升，台灣與東南亞的距離，一方面因爲身處民主國家陣營而被間接被動拉近，另一方面也透過從二〇一六年蔡英文政府開始推動的新南向政策，主動積極提升與東南亞的關係。

尤其是，在蔡英文總統第一任期的新南向政策中，透過簽證便利等措施，搭配觀光、教育、文化等新南向計畫促成台灣與東南亞的雙向人才交流，效果最好。但略嫌可惜的是，蔡英文總統進入到第二任期時，受到疫情影響，原先熱絡的雙邊交流完全受阻。

好在此時因爲全球政經結構轉變，台灣被納入以美國爲首的民主陣營，新南向政策發揮區域鏈結的重要節點角色，與美國爲首的印太戰略進行對接，也讓蔡英文第二任期的新南向政策成效從前期的人才交流層面，擴大至投資經貿與政治

名詞解說

《二〇二四年東南亞態勢：調查報告》（The State of Southeast Asia 2024: Survey Report）
調查對象為東協成員國的學界、智庫、企業、NGO、媒體、政府部門等，至二〇二四年已連續發布六年。調查內容集中在東南亞關注的熱點問題、大國在東南亞的影響力、東協與中美關係的展望等面向。

泰國泰德學院
泰國積極推動數位轉型的產業政策，包括機械自動化、人工智慧、數位經濟、能源及生物科技等領域。泰國泰德學院是隸屬於泰國工業發展基金會的非營利機構，主要功能是為泰國工業引進先進製造技術的培訓中心。

台海問題國際化，東南亞民眾對台灣的好感度與支持度也大增。根據交通部觀光署統計，2024 年第一季東南亞旅客來台數暴增，泰國遊客人次甚至比 5 年前增加 12%。東南亞觀光客最喜歡的景點，台北饒河街夜市最具代表性。

外交層面。

在投資經貿上，新南向政策推出是希望可以平衡西進，分散台灣一窩蜂前往大陸投資的風險。

在二〇二二年時台商對新南向國家的投資也確實首度超越對中投資，出現黃金交叉；台灣與新南向國家的雙邊貿易從二〇一六年的九百六十億美元，倍增至二〇二二年的一千八百億美元。

在政治外交上，東協峰會與外長會議中，多次表達對於台海情勢的關切，台海問題國際化、東協化。根據新加坡尤索夫伊薩東南亞研究院（ISEAS-Yusof Ishak Institute）所發表的《二〇二四年東南亞態勢：調查報告》（The State of Southeast Asia 2024: Survey Report）顯示，當東協受訪者被問到如何回應台海危機時，雖然大部分的受訪者皆表示反對武力、保持中立等，但是仍有五．七％支持台灣，高於支持中國的三．〇％，其中菲律賓更有高達一四．九七％受訪者支持台灣，遠超過支持中國的〇．九％。

清德版新南向 人才培訓vs技術轉移

Q3 4.0版新南向政策，必須補足和突破哪些議題？

蔡英文政府歷經兩屆任期，推動長達八年的新南向政策。接手的賴清德政府在兩岸關係尚未出現春暖花開之際，預料仍將會延續並強化與東南亞之間的緊密關係。

然而，賴清德的南向政策4.0又可以有哪些突破？

若能在宏觀面上，將新南向政策與印太戰略進行有意義的對接與延伸；在微觀面上，將蔡英文政府任內的人才交流、經貿投資與政治外交等面向結合，並契合新南向國家的需求，南向政策4.0將更加全面。

可優先考慮的面向是，強化與新南向國家的職業訓練機構合作。在供應鏈重組的情況下，台灣的高科技與半導體產業受到全世界重視，尤其是東南亞國家更希望能夠吸取台灣相關的資訊，因此在往後的新南向合作方面，或許可以半導體爲主的高科技產業爲切入點，強化雙方在職業訓練機構的合作。

例如，台灣勞動部勞動力發展署與**泰國泰德學院**雙方已簽訂合作交流備忘錄，往後可透過兩國政策的支持，深化彼此在人才培訓和技術轉移方面的合作，推動產業升級和創新發展。

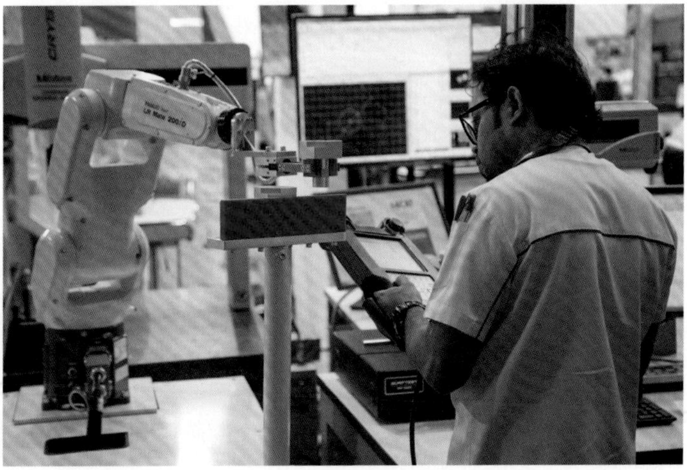

新南向政策的重點之一，是人才與經貿的交流，圖為泰國生產線上作業人員正在操作機器人手臂。

國防安全：同爲島鏈防線，台灣與東南亞可能軍事合作？

美、中、印、澳都在積極布局東南亞地緣軍事戰略，台灣可以在這些戰略中站穩什麼角色？或是得到什麼關鍵助益？

文／翟文中

安全威脅的認知　星光計畫vs二軌對話

Q1 從軍事和國防的角度來看，台灣有可能與東南亞合作？

台灣雖與東南亞國家存在著地緣關係，但因對於國家安全威脅的認知不同，即使在冷戰高峰時期，兩者並未因爲對抗共產主義擴張需要，而發展出類似北約組織的區域集體防衛機制。

東南亞諸國中，新加坡是唯一與台灣長期維持緊密軍事合作關係的國家。新加坡海空軍組建初期，台灣曾經派出退役將官前往該國協助。一九七五年四月，時任新加坡總理李光耀與中華民國行政院院長蔣經國簽署了一份機密軍事交流合作計畫，即後來廣爲衆知的「星光計畫」。其後，新加坡定期派出部隊至台灣的湖口、斗六與恆春等基地進行軍事訓練。

近年來中國不斷地向新加坡招手，表示願意提供海南島等地供其部隊進訓，惟

> **名詞解說**
> **星光部隊**
> 星光演習是新加坡軍隊在台灣進行訓練的代號名稱，其軍隊被稱為「星光部隊」。星光部隊定期在台灣屏東恆春基地、雲林斗六基地、新竹湖口基地進行訓練。雖然訓練低調，但民眾有時可在高雄港看見星光部隊蹤影。

在美國干預反對之下，「星光部隊」在台訓練並未轉移或是中止。在避免觸怒中國與降低政治風險考量下，新加坡近年不斷與他國協商爲其部隊訓練尋找其他合適地點，目前美國、法國與澳洲均提供基地供新加坡部隊進行訓練，「星光部隊」來台進訓人員數量不復當年規模。

除新加坡外，東南亞部分國家雖與中國存在潛在衝突，但台灣和這些國家甚難發展出類似前者的軍事合作關係，較可能的模式是情報交換或退役軍官的二軌對話。

海洋地緣價值　中國疑慮vs海上扼制

Q2 台灣地理位置特殊性，是與東南亞軍事的機會之窗？

東南亞及其鄰接水域是太平洋與印度洋間的咽喉要道，在此區域存在著龍目海峽、巽他海峽與麻六甲海峽等重要海洋扼制點，這些海峽的自由通航對全球貿易能否暢通起著舉足輕重的角色。

近年來，隨著中國在南海的填海造陸與島嶼軍事化，加上對南海主權聲索採取強勢外交作爲，已引發美國、印度、澳洲與東南亞國家等利害關係者的高度關切，強烈反對中國任何改變印太海域現狀的企圖與軍事化行動。**此外，中國海軍軍力的擴張更加深了東南亞各國的疑慮，這些發展促使前述國家日益正視台灣具**

名詞解說

東海艦隊

是中國解放軍東部戰區海軍的舊稱，目前東海艦隊現有各種艦艇一百多艘，若提到當前中國海上戰力也可稱為「東海艦隊」。

新加坡與台灣長期進行「星光計畫」訓練活動。圖為新加坡軍人從飛行中的超級美洲獅直升機上吊掛而下。

有的海洋地緣價值。

台灣位居中國海岸線中央位置，台灣海峽是中國對外航線必經水域，對其經濟安全具有重大意涵。

尤其重要的，台灣使解放軍海軍的東海艦隊與南海艦隊兵力無法整合爲一，當北海艦隊與東海艦隊艦船南下時亦可能受到相當程度干擾。因此，中華民國海軍可對中國解放軍海軍馳援南海與進出第一島鏈進行排拒，從而對美國印太戰略遂行與東南亞國家的海洋安全提供確切保障。**因此，台灣應促使國際社會瞭解台海穩定具有的戰略價值，從而在安全領域提供台灣更多的支持。**

就政治現實言，台灣與東南亞的軍事合作甚難開展，惟海洋地理的特殊性爲兩者的合作開啓了一個「機會之窗」。

台灣與位於第一島鏈的東南亞國家，包括印尼與菲律賓，皆掌控著中國進出南海與太平洋的重要海上扼制點，這些水道是解放軍海軍進行海上機動與遠海部署的必經之地。

與其相類似的情形亦見於「熊島缺口」（Bear gap）與「格陵蘭—冰島—英國缺口」（Greenland-Iceland-United Kingdom gap, GIUK gap）兩缺口。美國冷戰時期爲了對抗

蘇聯海軍，曾與相關國家在兩缺口部署重兵，透過集體安全合作用以因應共同軍事威脅。

聯合島嶼防衛　合作監控 vs 美國主導

Q3 同爲島鏈防線，台灣與東南亞相互協防的方式有哪些？

當前，美國醞釀並逐漸成形的「聯合島嶼防衛概念」，旨在結合第一島鏈國家用以因應中國海軍威脅。因此，台灣應利用此一契機，在美方主導下漸次與東南亞國家建立並發展更爲密切的軍事合作關係。

此外，台灣尚可透過「合作監控」（cooperative monitoring）途徑，強化與東南亞國家間的連結。

此途徑是落實「偵測嚇阻」（deterrence by detection）概念的重要手段，即透過情監偵系統的整合，能對監視區域內的惡意或不尋常行動進行感知，藉由持續監視獲得的實時透明度嚇阻敵人軍事冒險。

「合作監控」的完善與執行，必須發展一個區域網路方能達成多元訊息共享目的，此需求可促使台灣與東南亞國家進行更爲密切互動，這對強化個別國家甚或區域安全都具正面效應。

對台灣安全而言，未來若能獲得美國支持與東南亞國家首肯，當台海情勢惡

名詞解說

聯合島嶼防衛概念 (Joint Island Defense Concept)

又稱「聯合島嶼防禦概念」，是由美國統合台灣、日本和東南亞國家如何在「第一島鏈」內對抗中國的軍事力量。

化或是發生戰爭時，能利用鄰國的港口或機場進行戰力保存，這無疑地將會增加中國軍事犯台的成本與風險。

受到政治現實制約，台灣欲深化與東南亞國家的軍事合作，若無美國的主導與支持將會淪爲紙上空談。因此，新加坡模式再現的機率微乎其微。

美軍「羅倫森」號飛彈測量艦（Howard O. Lorenzen, T-AGM-25）停泊在日本東京灣。該船搭載可以跟蹤和監測所有飛彈發射的雷達系統，中國隨時保持警覺。

中國東海艦隊舷號 153 的「西安」號飛彈驅逐艦。

經貿投資：全球搶進東南亞，台商如何更新思維？

東南亞新一波投資熱，對台商在地緣經濟上的布局有何意義？如何加入這個新興經濟熱區？

文／魏錫賓（《自由時報》財經週報執行長）

天差地別　市場規模vs投資策略

Q1　面對東南亞新投資熱，企業該有什麼覺悟？

以魚尾獅（Merlion）為地標，向國際化蛻變的新加坡，在全球金融中心的排名總是名列前茅，經常與倫敦、紐約，分居亞、歐、美三大洲的首席之位；不過，新加坡出海往北跨過暹羅灣，擁有知名世界文化遺產吳哥窟的柬埔寨，截至二〇二四年六月底，股市只有十一家上市公司。

從新加坡和柬埔寨的對比可以看出，雖東南亞國家地理位置相近，但金融市場規模明顯懸殊，甚至連人口、土地、政治、文化、社會、經濟發展階段也都有明顯的不同。人口最多與最少的國家差距超過六百倍；印尼有二．八億餘人，全世界排在第四位，僅次於中國、印度和美國；而人口最少的汶萊，則僅有約四十五萬人，還不到新北市板橋區的九〇％！

名詞解說

世界銀行（World Bank）

聯合國系統國際金融機構，主要任務是促進全球的經濟發展和減少貧困。世銀透過提供貸款、技術援助、政策建議等方式，支持開發中國家的經濟發展持續增長，也推動外商直接投資和國際貿易。

國家間的差異，顯示在經濟規模上。根據**世界銀行**（World Bank）的統計資料，印尼國內生產毛額（GDP）在二〇二三年排名全球第十六名；東協二〇二三年的年報亦顯示，印尼的GDP超過一．三兆美元，占東協十國的三分之一以上；而GDP排名倒數二位的寮國、汶萊則分別僅約一百五十億、一百六十七億美元，只有印尼的一%多一些。

東南亞國家平均每人所得差異也甚大，最高的新加坡超過八萬美元，但最低的緬甸則不到一千一百美元。各國人民的消費能力天差地別，廠商既要考慮其國境之內所得的不均，更要兼顧國家間的差距；想要搶奪東南亞市場，只能因地制宜，無法用同一套策略。

設廠理由　穩定市場 vs 搶占市場

Q2 流入東南亞的投資，主要來自哪些國家和哪些產業？

如果把東南亞視爲生產基地，則此區域有人力相對充裕、土地相對便宜，部分國家已有供應鏈形成的優勢，且能寄望未來可觀的成長潛力。東協二〇二三年的年報顯示，截至二〇二二年的六．七億人口中，二十至六十四歲的人口占了六〇%，而六十五歲以上僅七．五%，不僅工作人口衆多，且未來幾年亦有豐富的補充人力，不像台、日、韓，早就邁入老年

東南亞多數國家人均GDP不斷提高，不只製造業，連服務業台商都趨之若鶩。圖為鼎泰豐在馬來西亞開立海外分店，廚房員工謹守小籠包必須要有「黃金18摺」的製作原則。

國家，台灣二〇二三年六十五歲以上人口已占一八．三五%。

在台商大舉南進之前，日、韓製造業也甚早就到東南亞開疆闢土、落地生產。二〇二二年全球海外直接投資（FDI）總金額下降，但積極到東協國家尋找機會的資金仍然創下新高。根據東協統計，二〇二二年FDI流入達二千二百四十億美元，占全球的比例成長到一七．三%，而FDI累計存量已達三．六兆美元，成長為二〇一〇年的三倍。

流入東協的資金，主要投資於製造業與金融業，而二〇二二年到東協的FDI資金有超過六成，約一千四百一十億美元是流入最「吸金」的新加坡，其後依序為印尼、越南、馬來西亞及泰國，分別占有二百二十億、一百七十九億、一百七十一億、九十九億美元。至於二〇二一年至二〇二二年的主要區域外投資國（不計東南亞國家間的彼此投資）來源，依序為美國、日本、中港、韓國、台灣。

從個別企業的角度思考，跨國投資布局牽涉到長期的發展與生存，是經營策略的核心。海外設廠的理由可能是為了穩定或搶占市場，譬如台積電到美國的投資，或是尋找生產基地，以取得原料、人力、利用較低土地、資金成本，以及供應鏈上下游廠商的配合等優勢。東南亞國家吸引外資的原因，也不脫上述因素。

名詞解說

經濟部投資審議司

前身為「經濟部投資審議委員會」，主要任務在促進國內經濟發展，吸引華僑及外國人投資。但因外資、陸資投資案件審查業務激增，為強化審查密度及提高審查層級，二〇二三年透過組織改造，併入經濟部，成為投資審議司。

台商新趨勢　豐厚資金 VS 高附加價值

Q3 流入東南亞的投資，主要來自哪些國家和哪些產業？

然因，東南亞國家組成複雜，種族、宗教、風俗習慣都有不同，要在每個國家建立灘頭堡，搶奪市場並不容易，生根茁壯更加困難，多數台商因此也都以建立生產基地，產品再外銷至歐美或亞洲其他國家爲主。

根據**經濟部投資審議司**的資料，累計至二〇二三年底止，核備我廠商對外（不包括中國）投資約二千億美元，亞洲占了八百億美元左右，其中位在東南亞的新加坡最多，有二百四十餘億美元，越南以一百四十四億美元排在第二，都超過對日本（一百二十億美元）、香港（八十七億美元）的投資，而泰國則排在第五名。

不是每一企業都有能力或需要在海外攻城掠地，且每一國家競逐資金的優勢也均不同。二〇二三年台商對外投資約二百三十六億美元中，有接近七成是投入製造業，尤其是電子零組件製造業的投資金額最多，達到一百三十二億美元，占總對外投資金額的五六％。

美中貿易戰及新冠病毒造成的肺炎疫情之後，東南亞國家的吸引力更爲明顯，二〇二三年台商經核備在亞洲的新增投資前三名分別爲新加坡、越南及泰國。產業別則改變不大，赴新加坡投資的台商，以鎖定金融保

韓國企業很早就布局東南亞生產基地與消費市場，2022 年更啟用位於印尼的東協首座電動車廠，意在挑戰日本車的主導地位。圖為印尼梭羅的電動車充電站。

險業為最多，而投資在越南及泰國者，則分別有八四%、七七%是在製造業，且以電子零組件、電腦、電子及光學製品所占比例最高，在兩國的合計都超過對其總投資額的一半。

挾著豐厚資金，又具高附加價值的科技產業，是我對外投資的主要產業，並不完全為了尋找低成本的生產基地，而走出國境，供應鏈相對完整的泰、越，反而是他們屬意的地點，在人力、土地成本未過高之前，這樣的趨勢仍將隨著供應鏈的更加完備而持續下去。

競爭對手 未來重心 VS 思維轉換

Q4 目前東南亞有哪些國家適合台商建立「生產基地」？

台商雖甚早就布局東南亞，可是國際貿易的主要競爭對手日、韓二國企業，亦早就在該區域伏有重兵，而尋求突破貿易戰封鎖的中國企業，更是瘋狂搶進中；在地緣衝突、人口老化等趨勢下，相對具有優勢的東南亞，仍具吸引投資熱潮的潛力。

過去的經驗亦顯示，當一個國家的經濟發展至某一階段，整體消費力將大幅成長。現在主要被視為生產基地的東南亞國家，可能是未來新市場的所在地，提早布局有利於未來的競爭，台商當然不能錯過。

新加坡樟宜機場旅客如織，凸顯東南亞作為新世紀交通、軍事、商業樞紐，為新一波利多交會之地。

東南亞國家的經濟發展階段不同，人口衆多的印尼、發展相對落後的柬埔寨等國，未來都有一定的吸引力，但海外建廠的台商以製造業，特別是電子業爲主，需要考慮供應鏈的完整性，因此，現階段越、泰依然最受青睞。

越南和泰國的人力及土地成本雖然逐年提高，但在這一國民所得增加的過程中，也正醞釀著從「生產基地」變成「消費市場」的機會，最近幾年，東南亞之外，許多國家的薪資、土地價格亦同步翻升，廠商的嗅覺最敏銳，從申請至越、泰投資的資金不減，可以想見依然有利可圖。

對部分台商而言，東南亞還有另一吸引力。與台灣訂有自由貿易協定的國家有限，可是東南亞國家組成的東協，不僅與日本、中國大陸、澳洲、紐西蘭、韓國組織區域全面經濟夥伴協定，新加坡、馬來西亞、越南、汶萊等國並加入「跨太平洋夥伴全面進步協定」，具有稅賦優勢，對傳產企業來說，又增一大誘因。

地緣政治筆陣

越南

後阮富仲時代，越南如何迎接新未來

領導越南十三年的越共總書記阮富仲逝世，讓越南政局走到新關口，權力鬥爭緊接著展開。

文／劉必榮

打貪腐、收民心，阮富仲打破南北平衡

越共總書記阮富仲於二〇二四年七月十九日逝世，享年八十歲。從二〇一一年擔任總書記以來，阮富仲領導越南達十三年之久，是本世紀越南最有權勢的領導人。他的去世，爲越南政局帶來新的變數。雖不至動盪，但到二〇二六年越共十四大之前，檯面下卡位的權力鬥爭應該也不會消停。

阮富仲個子不高，滿頭白髮，和藹祖父形象之下是他堅毅果決的意志。從某些角度來看，**他跟中國國家主席習近平很像：兩人崛起的時間差不多，他是二〇一一年，習是二〇一二年，兩人都打破傳統三連任，並且都透過打貪腐來鞏固權力、收攬人心。阮富仲在國內的支持度很高，多少跟他反貪腐的「烈火熔爐」行動有關**。

越南統一之後，南北之間還是有隔閡。南方有錢，北方有權。過去越南領導班子一直維持南北之間的平衡，但現在平衡已不復存在。北方菁英的勢力向南方

名詞解說

「烈火熔爐」行動 (Burning Furnace Campaign)

阮富仲自二〇一六年連任越南共產黨中央委員會總書記後，積極反貪腐，並將這個運動比喻為「熔爐」，試圖提高公眾反貪腐意識，使公務員「不能、不想、不敢、不要」貪污。熔爐行動已導致約一千四百名政府官員中落馬，外界因此認為阮富仲是藉助反腐運動來打壓異己。

擴張，有權的要對付有錢的，最方便的方法就是借力反貪腐，既可以掃除異己，又可以爭取民心。

越南打貪腐最有名的例子是張美蘭案。張美蘭是越南女首富，掏空銀行二百七十億美元，遭判死刑。這麼大的案子當然後面有官員包庇，所以順藤摸瓜牽出了一條巨鱷，就是前胡志明市的市委書記、越共中央政治局委員黎清海。反貪腐大快人心，大勢推動之下，熔爐行動的對象也開始不分南北。最後連阮富仲想要培養成接班人的北方菁英國家主席武文賞都中箭落馬。

雷厲風行的熔爐行動也帶來寒蟬效應，南方官員怕動輒得咎，不敢再推動公共建設，反倒是北方官員因資源較多，敢放手推動建設，外國投資也因此由南方轉向北方。加上越南缺電，北方城市可以就近跟中國廣西買電，因此特別得到外資青睞。

權力鬥爭，四駕馬車誰能出線？

阮富仲去世後，越南學者評論，說他最大的政治遺產是透過反貪腐鞏固共產黨的權力，但留下的最大問題是沒有安排好接班問題。其實阮富仲培養過三個接班人，但一個身體出狀況，一個在十三大時未獲中央委員會足夠票數支持被迫退休，最後一個就是被貪腐案

越南黨政最高領導層由被稱為「四柱」或「四駕馬車」的越南共產黨中央委員會總書記、國家主席、政府總理和國會主席組成。圖為越南主席府，該建築曾是法屬印度支那總督府，具殖民地風格。

掃到下台的國家主席武文賞。

阮富仲在陷入昏迷前，指定上任不久的國家主席蘇林代理總書記，但他能否成為正式，還要看二〇二六年的十四大是否通過。蘇林是公安系統出身，也是阮富仲推動反貪腐的得力助手，可以想見，公安系統出身的人政治行情將看漲。

可是蘇林不是沒有對手。**越南政治領導是四駕馬車：總書記、國家主席、政府總理和國會主席**。阮富仲去世，國家主席代理總書記，國會主席陳青敏才剛上台，實力還有待鞏固，所以能挑戰蘇林的就剩下總理范明政了。

蘇林要想在政爭中獲勝，就要穩定政局，並且保住經濟成長，用政績來鞏固權力。如何避免反貪腐衝過頭，並在反貪腐和經濟發展之間維持平衡，是蘇林最重要的工作。

至於對外關係，阮富仲引以為傲的「竹子外交」，亦即在中美俄三方之間維持平衡，應還是會被繼續奉行。所有的政治較勁，只會像鴨子划水一樣，在水面下進行。外弛內張的情勢，應該會一路維持到二〇二六年。

二〇二三年因貪腐問題而被迫請辭的越南總理阮春福。依據官方說法，他是因為政府多名官員貪腐問題，而負起政治責任。

北約

北約積極東向，對南海議題表態

中國崛起，令北約找到新的立基點，不再掩飾擴張到印太地區的意圖。

文／張孟仁

名詞解說

灰色地帶衝突

是一種介於和平與戰爭之間的衝突，可透過敘事戰、法律戰、經濟手段、滲透、脅迫等方式，緩慢漸進的以非軍事手段，針對目標國特定弱點展開。由於灰色地帶衝突未達戰爭門檻，因此防守方無法合理地以軍事方式回應。

中國崛起，促使北約東行

以往北約前進亞洲都要遮遮掩掩，然而二〇二四年七月北約峰會舉行前，北約秘書長即透露中國議題是議程的重點，標示出印太安全已成功站上北約議程重要位置，僅次於防禦俄羅斯入侵烏克蘭的議題。

相較於二〇二三年的北約峰會，二〇二四年北約首度將中國定位為「系統性挑戰」，也是首次加入美國譴責中國支持俄羅斯的行列。**中國已成為北約的關注焦點，北約甚至發表聯合宣言稱，中國是俄羅斯在烏克蘭戰爭的「關鍵支持者」，對歐洲和全球安全持續構成挑戰。聯合宣言成形，也顯示出歐洲國家對於中國「兩邊通吃」的立場日漸不耐。**

中國崛起，特別是中俄多次會面，宣稱友誼不封頂，私下輸送很多軍民兩用的國防工業物資給俄羅斯，令北約找到新的立基點，不再掩飾擴張到印太地區的意圖，並進一步參與美國對中國的遏制。儘管北約宣稱仍是北美和歐洲的聯盟，不會成爲全球的北約，但由此可見，歐亞已不再是各自獨立的戰區。不過，到底是是哪些因素造就北約東行？

北約宣言指出，中國的脅迫性政策挑戰北約的利益、安全和價値觀，北約自二〇二二年以後，逐步拉進日韓澳紐等四個理念相近的印太夥伴參加北約峰會應對。**印太局勢和歐洲及大西洋的安全息息相關，北約藉由和印太夥伴加強合作以支持烏克蘭。**

至於日韓紐澳助拳當然有其原因：俄羅斯與北韓成爲戰略夥伴、中俄關係不封頂等，遑論北京展現有能力「多方開打」，在東海、南海、台海、歐洲製造**灰色地帶衝突**。中國海警頻繁出入釣魚台海域宣稱主權，進而驅逐日本漁船。於歐洲境內，中國解放軍和白俄羅斯首次在波蘭邊境進行陸軍聯合訓練。以上種種，**都爲亞洲理念相近夥伴製造了與北約結盟的不同理由，雙邊加強合作，反映出北約正爲因應中國崛起而做出改變。**

其中，拉攏北約更是日本整體抗中布局的一環，日本採取主動牽制中國的角色鮮明，無論是與菲律賓的《互惠准入協定》，或首次以技術性錯誤爲由闖進中國領海還擊灰色地帶的作戰。**無獨有偶，歐盟對外事務部在南海仲裁八週年之際發出聲明，認爲該仲裁爲和平解決南海爭端的重要里程碑。**

川普可能二次上台也是北約和印太進一步結盟的關鍵因素，共和黨採全力圍堵中國的外交政策，北約唯有東向以迎合川普的利益，或有機會拿到印太主動權。

北約秘書長史托騰柏格強調美國應更加關切中國，此舉將有助於北約的團結壯大。

在俄烏戰爭後加入北約的中立國瑞典，其總理在峰會上發言，指美國是北約重要的軍事防衛傘，美國若退出，北約會非常危險。爲使美國繼續留在北約，把遏制中國的挑戰視爲首要議題，呼籲成員國提升國防支出占GDP到二％。

北約切香腸似的東向，歐美日韓紐澳逐漸合流，俄中朝勢必要分心應對。

黃金陣容作者群（按姓氏筆畫排列）

方天賜｜清華大學通識中心副教授兼印度中心副主任
李世暉｜政治大學日本研究學位學程教授、台灣日本研究院理事長
陳尚懋｜佛光大學公共事務學系教授兼國際長、台灣東南亞學會理事長
邱師儀｜東海大學政治學系教授
巫仰叡｜「巫師地理」粉專社群版主
張孟仁｜輔仁大學義大利語文學系副教授兼系主任、外交暨國際事務學程召集人
湯智貿｜東吳大學政治學系助理教授
黃恩浩｜國防安全研究院國防戰略與資源研究所副研究員
翟文中｜國防安全研究院國防戰略與資源研究所助理研究員
劉必榮｜東吳大學政治學系教授
魏錫賓｜《自由時報》財經週報執行長
陳慧敏｜台灣民主實驗室資深策略顧問、前台灣事實查核中心總編審
陶雨融｜資深國際時事觀察人
柯筆辰｜資深國際時事觀察人
林俊宇｜資深國際時事觀察人
楊文里｜資深國際時事觀察人
李崇翔｜資深國際時事觀察人

地緣政治筆陣徵文

對國際關係有獨到見解嗎？「地緣政治筆陣」單元邀請您抒發己見，腦力激盪。

不限地緣區域與議題，來稿文長以八百字或一千二百字為宜，本社擁有編輯與刪改權，不願刪改者請特別註明。本單元亦接受漫畫投稿，請以 JPG 格式傳送。恕不接受一稿多投。

來信主旨請註明「地緣政治筆陣徵文」，並附真實姓名、身分證字號、職業、通訊地址及戶籍地址（包括區里鄰）、聯絡電話、銀行帳號（註明分行行名）、E-mail 帳號。刊登前將以 E-mail 通知；刊出後，稿費作業將專函聯繫。

徵文信箱：crystal@bookrep.com.tw

新加坡濱海灣，
碧空如洗，華燈初上。
所有東南亞的美麗與想像，
正如魚尾獅口中那一道
積極水花，
無盡利多繁華，往未來噴發。

台灣第一套《地緣政治》系列出版

國際局勢來到轉捩點，全年齡必讀的全球當紅顯學！

超強權威「黃金組合」第一手分析，百張全彩照片與地圖，讀者不必再戴著美國眼鏡或日本面紗觀看世界！

地緣政治 Vol.1：
島鏈風雲
地理╳戰略╳大局
在強權競逐中換位思考，
秒懂地圖上的叢林法則

地緣政治：
印度新強權
經濟╳活力╳碰撞
在全球劇變中左右逢源，
又令人左右為難

明白文化
特別巨獻，
打造台灣出版業
前所未有創舉！

冷和平
冷戰、熱戰之外的第三條路，
台灣該如何選擇？
邁可．多伊爾 著

完全模擬
侵台戰爭
山下裕貴 著

鏈實力
島鏈、供應鏈、民主鏈，
新半導體地緣政治學
李世暉 著

南韓大戰略
中等強國，
自己的命運自己創造
拉蒙．帕切科．帕爾多 著

劉必榮的國際關係課
一本掌握看世界的方法，
看懂全球大局
劉必榮 著

堅韌小鎮
烏克蘭的生死與反抗
安德魯．哈丁 著

全球視野，在地洞見。
清晰路徑，換位思考；
理解處境，掌握趨勢。

明白

Geopolitics 地緣政治 003

地緣政治：

東南亞利多交會

強權╳商機╳競合，在海陸布局中炙手可熱，勢力湧動新核心

作　　者／劉必榮、陳尚懋、李世暉、方天賜、黃恩浩、翟文中、張孟仁、湯智貿、邱師儀、
魏錫賓、巫仰叡、陳慧敏、陶雨融、柯筆辰、林俊宇、楊文里、李崇翔

總 編 輯／林奇伯

責任主編／楊鎮魁、李宗洋

文稿校對／李宗洋、楊鎮魁

美術編輯／林家琪

封面設計／Atelier Design Ours

圖像總籌／林俊宇

圖像授權／達志影像

出　　版／明白文化事業有限公司
地址：231 新北市新店區民權路 108-3 號 6 樓
電話：02-2218-1417　傳真：02- 8667-2166

發　　行／遠足文化事業股份有限公司（讀書共和國出版集團）
地址：231 新北市新店區民權路 108-2 號 9 樓
郵撥帳號：19504465 遠足文化事業股份有限公司
電話：02-2218-1417
讀書共和國客服信箱：service@bookrep.com.tw
讀書共和國網路書店：https://www.bookrep.com.tw
團體訂購請洽業務部：02-2218-1417 分機 1124

法律顧問／華洋法律事務所 蘇文生律師

印　　製／博創印藝文化事業有限公司

出版日期／ 2024 年 9 月初版

定　　價／ 480 元

I S B N ／ 978-626-97577-8-7（平裝） 9786269757749（EPUB）

書　　號／ 3JGE0003

國家圖書館出版品預行編目 (CIP) 資料

地緣政治 : 東南亞利多交會 強權 X 商機 X 競合 , 在海陸布局中炙手可熱 , 勢力湧動新核心 / 林奇伯總編輯 . -- 初版 . -- 新北市 : 明白文化事業有限公司出版 : 遠足文化事業股份有限公司發行 , 2024.9　面；　公分 . -- (Geopolitics 地緣政治 ; 3)
ISBN 978-626-97577-8-7(平裝)1.CST: 地緣政治 2.CST: 國際關係 3.CST: 戰略 4.CST: 東南亞
571.15　　112012567